Die Autoren

Prof. Dr. Eduard Gaugler

studierte Wirtschafts- und Sozialwissenschaften an den Universitäten München und Nürnberg. Er schloß sein Studium als Dipl.-Kaufmann ab, promovierte zum Dr. oec. publ. und habilitierte in dem Fach Betriebswirtschaftslehre. Von 1967 an war er o. Professor für Betriebswirtschaftslehre an der Universität Regensburg; 1970/71 Dekan der Rechts- und Wirtschaftswissenschaftlichen Fakultät der Universität Regensburg. Seit 1973 ist er Rektor der Universität Mannheim.

Prof. Dr. Wolfgang Weber,

studierte Betriebswirtschaftslehre an den Universitäten Heidelberg und Mannheim und schloß sein Studium als Diplom-Kaufmann ab. 1971 promovierte er zum Dr. rer pol. und 1973 übertrug ihm die Fakultät für Betriebswirtschaftslehre der Universität Mannheim die Lehrverpflichtungen von Prof. Dr. Eduard Gaugler für die Dauer dessen Rektoratszeit. Seit 1976 ist er Professor an der Gesamthochschule Paderborn. Hauptarbeitsgebiete: Personalwesen, Ausbildung und Organisation.

ISBN 978-3-409-38341-7 ISBN 978-3-322-87479-5 (eBook)
DOI 10.1007/978-3-322-87479-5

Einführung in das betriebliche Personalwesen

— Grundlagen der Personalarbeit —

Von Prof. Dr. Eduard Gaugler

und Prof. Dr. Wolfgang Weber

Inhaltsverzeichnis

Seite

Einführung in das betriebliche Personalwesen

— Grundlagen der Personalarbeit —

Dieser Lehrgang befaßt sich mit den Aufgaben, die von Personalabteilungen in Betrieben erfüllt werden müssen. In diesem Beitrag soll ein Überblick über diese Aufgaben gegeben werden, zu denen im Laufe des Lehrgangs die Einzelheiten erklärt werden. Gleichzeitig wird ein Eindruck von der Problematik gegeben, die sich durch den Einsatz von Menschen im Produktionsprozeß ergibt. Zu diesem Zweck ist es nötig, zunächst einige Grundtatbestände des Wirtschaftens in Betrieben zu erläutern.

A. Das Personalwesen als Teilgebiet der Betriebswirtschaftslehre

Lernziele:

Nachdem Sie dieses Kapitel durchgearbeitet haben, sollen Sie folgendes können:

— die wichtigsten Merkmale von Betrieben nennen und sie als produktive soziale Systeme kennzeichnen,

— den Aspekt Arbeit in ein betriebswirtschaftliches System der Produktionsfaktoren einordnen,

— betriebswirtschaftliche Funktionen nennen und systematisieren.

Die Wirtschaft besteht aus Produktionsbetrieben, Arbeitern, Behörden, Verbänden, Gewerkschaften, Kammern usw. Hier stehen die verschiedenen Arten von Betrieben, die Güter und Dienstleistungen produzieren, im Vordergrund des Interesses. Diese Betriebe sollen in dem folgenden Abschnitt näher gekennzeichnet werden. Zu diesem Zweck werden einige Hauptmerkmale von Betrieben herausgearbeitet. Anschließend werden die typischen Aufgaben beschrieben, die in Betrieben stets erfüllt werden müssen. Diese Aufgabengruppen werden auch als betriebswirtschaftliche Funktionen bezeichnet.

I. Hauptmerkmale von Betrieben

Betriebe können zunächst dadurch charakterisiert werden, daß sie als soziales System untersucht werden. Wie alle solche sozialen Systeme verfügen auch Betriebe über eine Verfassung. Von anderen sozialen Systemen — wie z. B. Kirchen, Sportvereinen — unterscheiden sich Betriebe durch ihre produktive

Tätigkeit, also durch das Merkmal der Produktion. Schließlich kann als wichtiges Merkmal die betriebliche Organisation hervorgehoben werden. Diese Merkmale werden im folgenden erläutert.

1. Betriebe als soziale Systeme

Betriebe bestehen aus Menschen, die in vielerlei Beziehungen zueinander stehen: Sie werden zu Arbeitsgruppen und Abteilungen zusammengefaßt; sie tauschen Informationen aus, sie beeinflussen sich gegenseitig und üben Macht aufeinander aus, sie bilden Freundeskreise oder kennen sich aus anderen Anlässen, z. B. aufgrund der Mitgliedschaft im gleichen Sportverein, sie haben vielleicht Streit miteinander oder sie können sich besonders gut leiden. All das bezeichnet man als soziale Beziehungen.

Man sagt deshalb auch: Betriebe sind soziale Systeme. Sie unterscheiden sich — nur unter diesem Aspekt betrachtet — nicht von Vereinen, Krankenhäusern oder Schulen. Betriebe sind deshalb auch — genauso wie andere soziale Systeme — Untersuchungsgegenstand für Psychologen und Soziologen. Die entsprechenden Wissenschaften sind Betriebs-, Organisations-, Arbeits- und Sozialpsychologie sowie Betriebs- und Organisationssoziologie.

Die Betrachtungsweise wird manchmal dadurch noch etwas eingeengt, daß Betriebe als sozio-technische Systeme gekennzeichnet werden. Es wird dann der Gesichtspunkt besonders betont, daß Maschinen und maschinelle Einrichtungen die Beziehungen und Prozesse in Betrieben erheblich beeinflussen, Betriebe also auch „technische Systeme" sind.

2. Betriebe als produktive soziale Systeme

Betriebe unterscheiden sich von anderen sozialen Systemen dadurch, daß sie Güter oder Dienstleistungen herstellen, die sie an andere Wirtschaftseinheiten abgeben. Betriebe sind produktiv tätig. Sie werden deshalb auch als produktive soziale Systeme bezeichnet. Produktion in diesem Sinne bedeutet nicht nur die Herstellung von solchen Gütern wie Schuhen, Kraftfahrzeugen oder Büchern, sondern auch die Bereitstellung von Dienstleistungen durch Handelsbetriebe, Banken, Versicherungen, Transportunternehmen. Versicherungen z. B. produzieren Versicherungsleistungen.

Genauer wird manchmal von Produktionsbetrieben gesprochen. Damit erfolgt eine Abgrenzung von den Haushaltswirtschaften bzw. Konsumtionswirtschaften. Bei diesen steht der Verbrauch ökonomischer Leistungen im Vordergrund. Das ist sowohl in privaten als auch in öffentlichen Haushalten — z. B. bei einer Gemeinde — der Fall. In Haushaltswirtschaften — auch in privaten Haushalten — wird zwar einiges hergestellt. Man denke nur an zahlreiche Dienstleistungen wie das Kochen der Mahlzeiten oder das selbst reparierte Auto. Die Produktion erfolgt hier aber für den Eigenbedarf. Vielfach wird deshalb die Fremdbedarfsdeckung als weiteres wichtiges Merkmal von Betrieben genannt.

Es läßt sich also festhalten: Ein Betrieb sichert seine Weiterexistenz nur dann, wenn seine Leistungen von anderen Wirtschaftseinheiten — seien es nun andere Betriebe oder Haushalte — gegen ein zumindest kostendeckendes Entgelt abgenommen werden. Die Aufgabe des einzelnen Betriebes erfüllt sich in seinem Beitrag zur volkswirtschaftlichen Bedarfsdeckung. Mit seinen Leistungen kann

der Betrieb einen offenkundigen Bedarf anderer Wirtschaftseinheiten zu befriedigen suchen. Er kann aber auch latent vorhandene Bedürfnisse bei anderen Wirtschaftssubjekten wecken, um diese dann mit seinen Leistungen decken zu können.

Der wertmäßige Unterschied zwischen denjenigen Gütern und Vorleistungen anderer Wirtschaftseinheiten, die der Betrieb zur Erzeugung seiner Leistungen einsetzt, und jenen Leistungen, mit denen der Betrieb den Bedarf anderer Wirtschaftseinheiten befriedigt, wird als „Wertschöpfung" bezeichnet.

Abb. 1 verdeutlicht an einem Beispiel was unter Wertschöpfung verstanden wird.

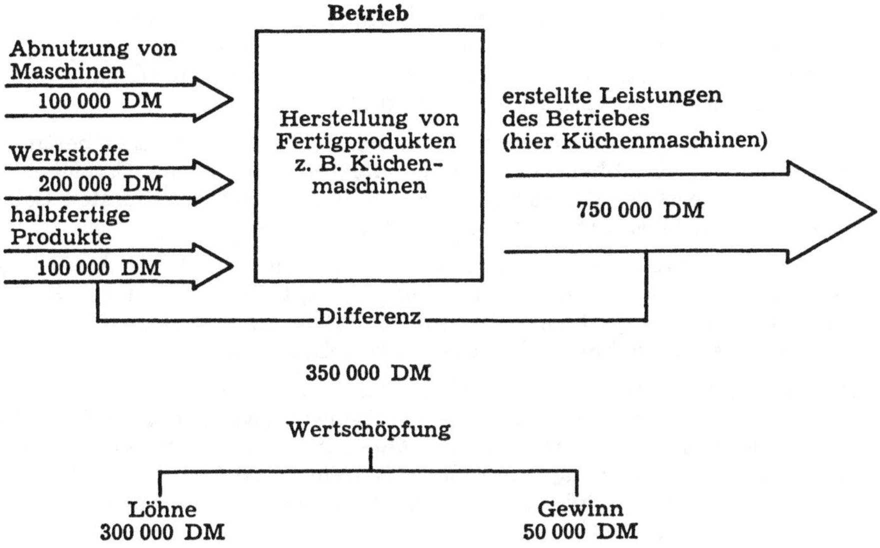

Abb. 1: Betriebliche Wertschöpfung

3. Verfassung

Alle sozialen Systeme verfügen über eine innere Ordnung. Sie ist die Voraussetzung dafür, daß die Aufgaben erfüllt werden können. Diese innere Ordnung, die in vielen bewußt geschaffenen oder im Laufe der Zeit gewachsenen Regeln ihren Ausdruck findet, ist in Betrieben besonders wichtig. Durch die weitgehende Aufgabenteilung und das Streben nach Spezialisierung sind die Tätigkeiten stark differenziert. Es besteht ständig die Gefahr der Desintegration, d. h. des Auseinanderfallens, weil jeder bald mehr oder weniger isoliert tätig ist. Integrative Kräfte müssen deshalb das Auseinanderfallen des Betriebes verhindern. Integrativ wirkt z. B. ein stark ausgeprägtes „Wir-Gefühl" der Betriebsmitglieder. In diesem Fall wird davon gesprochen, daß sich die Betriebsmitglieder mit dem Betrieb, der Betriebsaufgabe oder der zu erfüllenden Teilaufgabe identifizieren.

Daneben sind aber auch interne Regeln und Normen nötig, nach denen sich die Betriebsmitglieder in ihrem Verhalten richten. Die offiziellen Regeln grundlegender Art, die höchstens in langer Frist geändert werden können, werden als Verfassung des Betriebes bezeichnet. Diese Verfassung ist allerdings z. T. unter anderen Bezeichnungen — vor allem als Satzung — bekannt. Die wichtigsten in Unternehmungs- bzw. Betriebsverfassungen geregelten Sachverhalte sind:

a) die Aufgaben und Ziele des Betriebes

Jeder Betrieb erfüllt ganz bestimmte Aufgaben. Solche Aufgaben sind z. B. die Herstellung von Maschinen oder das Erbringen von Versicherungsleistungen. Betriebe erfüllen damit eine produktive Funktion in der Volkswirtschaft. Sie tun dies aber nicht als Selbstzweck. Der Erfüllung dieser Aufgaben liegen vielmehr andere Zielvorstellungen zugrunde. Diese Ziele — z. B. Umsatzsteigerung um 10 % — sind die Entscheidungskriterien, nach denen insbesondere die Betriebs- bzw. Unternehmensleitungen die einzelnen Vorgänge der Aufgabenerfüllung steuern. Wenn man mit Motorrädern keine großen Umsätze erzielen kann, wird die Produktion auf Autos umgestellt.

Solche Ziele können sein: Erzielen eines bestimmten Gewinns, einer bestimmten Kapitalverzinsung, Unabhängigkeit von anderen Betrieben, Erreichen von Macht oder von Prestige, Versorgung der Bevölkerung mit bestimmten Leistungen, Erreichen eines bestimmten Umsatzes oder Marktanteils.

In unserer Wirtschaftsordnung kommt dem Gewinnziel die dominierende Rolle zu. Das erwerbswirtschaftliche Prinzip besagt, daß es Ziel des Betriebes ist, Einkommen für diejenigen privaten Haushalte zu erwirtschaften, die das Eigenkapital eines Betriebes zur Verfügung gestellt haben.

Dieses Gewinnziel tritt in unterschiedlichen Ausprägungen auf. Absolutes Gewinnstreben liegt vor, wenn z. B. ein jährlicher Gewinn von 100 000 DM erwirtschaftet werden soll. Beim relativen Gewinnstreben wird der Gewinn mit einer anderen, meist einer Kapitalgröße in Beziehung gesetzt. Man spricht dann von Rentabilität. Ein Beispiel hierfür wäre das Streben nach einer Eigenkapitalverzinsung von 12 Prozent.

In öffentlichen Betrieben dominieren andere Zielvorstellungen. Eine besondere Bedeutung hat hier das Prinzip oder Ziel der Gemeinwirtschaftlichkeit. Es besagt, daß das Ziel des Betriebs in der Versorgung der Bevölkerung mit bestimmten Leistungen — z. B. der Beseitigung von Müll — besteht. Hier geht es also um die allgemeine Wohlfahrt. Die Höhe des Gewinns ist für solche Betriebe meist ein ungeeigneter Maßstab zur Beurteilung des Erfolgs.

Damit wird auch der Unterschied zwischen Gewinnstreben bzw. Rentabilität und Wirtschaftlichkeit deutlich. Während der Gewinn für öffentliche Betriebe meist ein völlig ungeeignetes Ziel ist, müssen natürlich auch öffentliche Betriebe nach Wirtschaftlichkeit streben. Um diesem Gesichtspunkt Rechnung zu tragen, wird zum Teil neben der Gemeinwirtschaftlichkeit auch das Ziel der Eigenwirtschaftlichkeit oder der Kostendeckung angestrebt. Öffentliche Betriebe streben dann danach, die Kosten zur Erbringung ihrer Leistungen ohne Inanspruchnahme öffentlicher Haushalte durch Einnahmen zu decken. Eigenwirtschaftlichkeit ist zum Beispiel gegeben, wenn die Gebühren für die Müllabfuhr die Kosten der Müllabfuhr decken.

b) die Organe des Betriebs

Die Organe einer Aktiengesellschaft z. B. sind Hauptversammlung, Aufsichtsrat und Vorstand. Mit ihrer Einrichtung wird gleichzeitig geregelt, wer in dem Betrieb zu welchen Entscheidungen befugt ist.

c) die Träger des Betriebs

Die Träger des Betriebs haben das Recht, die Organe einzusetzen bzw. an deren Einsetzung mitzuwirken. Träger einer Aktiengesellschaft sind in erster Linie die Eigenkapitalgeber, also Aktionäre; wenn man an die Mitbestimmung denkt, daneben aber auch die Belegschaft.

d) Verfahrensregeln, z. B. für Abstimmungen in Konfliktfällen

Nur ein Teil der schon genannten Bestandteile von Betriebs- bzw. Unternehmungsverfassungen ist der freien Vereinbarung zwischen den Beteiligten überlassen. Der grobe Rahmen für alle Vereinbarungen dieser Art wird durch den Staat festgelegt. Die staatliche Gesetzgebung in diesem Bereich ist vor allem durch das Gesellschaftsrecht und Mitbestimmungsrecht bestimmt.

In der Regel ist die Wahl der Rechtsform der freien Entscheidung der Beteiligten in der Gründungsphase des Betriebs überlassen. Erst dann sind die für die einzelnen Rechtsformen gültigen gesetzlichen Rahmenbedingungen zu beachten. In einigen Fällen ist allerdings sogar eine ganz bestimmte Rechtsform vom Staat vorgeschrieben, z. B. bei Versicherungen oder Immobilienbanken.

Im Mittelpunkt der gesellschafts- und wirtschaftspolitischen Diskussion der letzten Jahre steht die Ausgestaltung der Mitbestimmungsrechte von Arbeitnehmern.

4. Betriebliche Organisation

Die innere Ordnung eines Betriebes zeigt sich nicht nur in verfassungsmäßigen Regelungen, die oft sehr knapp gehalten sein können, und Kräften des inneren Zusammenhalts, die aus der Identifikation der Betriebsmitglieder mit dem Betrieb und dessen Aufgaben resultieren. Einen sehr wesentlichen Aspekt der inneren Ordnung von Betrieben als Voraussetzung für die Aufgabenerfüllung stellt die Betriebsorganisation dar.

Das Wort Organisation wird in mehrfacher Hinsicht gebraucht. (Vgl. den Beitrag Betriebsorganisation von Dipl.-Kfm. M. Kolb dieses Kurses). Hier wird unter Organisation das System von generellen und planvollen Regelungen zur Aufgabenerfüllung verstanden. Diese Regelungen können sich auf die Struktur des Betriebes (Aufbauorganisation) und auf die Prozesse im Betriebsgeschehen (Ablauforganisation) erstrecken.

Fragen:

1. Was haben Betriebe und solche Organisationen wie Sportvereine und Schulen gemeinsam?
2. Wie unterscheiden sich Betriebe von anderen Organisationen?
3. Warum benötigen Betriebe eine „innere Ordnung“?
4. Nennen Sie einige Sachverhalte, die durch die Betriebs- bzw. Unternehmensverfassung geregelt sein können!
5. Wer bestimmt den Inhalt von Betriebs- bzw. Unternehmensverfassungen?

II. Die betriebswirtschaftliche Faktorkombination

Eine Abbildung soll die Tätigkeit von Betrieben — wenn auch etwas vereinfacht — charakterisieren.

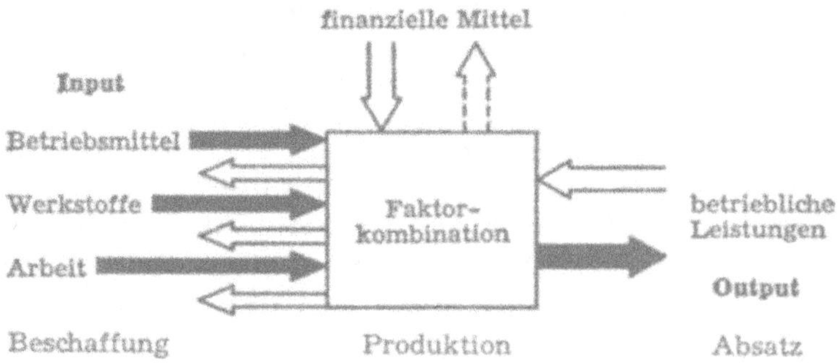

Abb. 2: Die betrieblichen Leistungsfaktoren und deren Kombination

Die Abbildung verdeutlicht, daß die Tätigkeit von Betrieben darauf gerichtet ist, Leistungen zu erstellen und abzusetzen. Dazu sind Produktions- bzw. Leistungsfaktoren nötig. Diese Faktoren werden auch als der Input des Betriebs bezeichnet. Der Input besteht zunächst aus den finanziellen Mitteln, die zur Beschaffung von Betriebsmitteln, Werkstoffen und Arbeitskraft nötig sind. Dieser Input wird durch die betriebliche Faktorkombination bzw. die Produktion in Leistungen umgewandelt, die an andere Wirtschaftseinheiten abgesetzt werden. Ergebnis der betrieblichen Tätigkeit sind also die betrieblichen Leistungen, z. B. die Dienstleistung eines Steuerberaters oder ein materielles Gut wie ein Auto. Durch den Absatz dieser Güter werden dem Betrieb wieder finanzielle Mittel zugeführt, mit denen wiederum Produktionsfaktoren für die weitere Produktion angeschafft werden können. Damit schließt sich der leistungswirtschaftliche und der finanzwirtschaftliche Kreislauf des Betriebs.

1. Der Einsatz von Produktionsfaktoren

Wir wollen uns nun etwas genauer mit den Mitteln befassen, die zur Herstellung der Güter notwendig sind, mit denen die vielfältigen Bedürfnisse befriedigt werden. Was also ist alles erforderlich, um produzieren zu können? Es sind Menschen, Rohstoffe, Gebäude, Grundstücke, Werkzeuge, Arbeitskräfte; dann aber auch finanzielle Mittel, mit denen die zuerst genannten Faktoren beschafft werden können.

Diese Mittel, die bei der Produktion eingesetzt werden und überdies meist sehr knapp sind, werden als betriebliche Leistungsfaktoren oder als Produktionsfaktoren bezeichnet.

Des besseren Überblicks wegen werden diese Produktionsfaktoren in der einen oder anderen Weise systematisiert. Welche Einteilung verwendet wird, hängt unter anderem von der Ebene der Betrachtungsweise ab. Ein Volkswirt, der die in einer Volkswirtschaft vorhandenen Mittel betrachtet, unterscheidet meistens zwischen Arbeit, Boden und Kapital. Ein Betriebswirt wird versuchen, die von Betrieben eingesetzten Mittel etwas differenzierter zu betrachten.

In der Betriebswirtschaftslehre ist die Einteilung der Produktionsfaktoren in Arbeit, Betriebsmittel und Werkstoffe weit verbreitet.

Betriebsmittel und Werkstoffe können jedoch mit allen anderen Vermögenswerten eines Betriebes zusammengefaßt werden. Häufig wird dafür die Sammelbezeichnung Kapital gewählt. Schließlich halten viele Betriebswirte die Unterscheidung von dispositiver und ausführender Arbeit für zweckmäßig. Die von Menschen ausgeübte Steuerungstätigkeit wird in diesem Fall als dispositiver Faktor oder als Unternehmertätigkeit aus dem schon genannten Faktor Arbeit ausgegliedert.

Es ergibt sich dann die Einteilung der Produktionsfaktoren in menschliche Arbeitskraft (im Sinne ausführender Arbeit), Kapital und Unternehmertätigkeit.

Der Produktionsfaktor Arbeit

Ein Produktionsprozeß, an dem keine Arbeitskräfte beteiligt sind, ist nicht denkbar. Im Gegenteil: Schon die Klassiker der Nationalökonomie stellten den Faktor Arbeit in den Vordergrund ihrer Überlegungen. Oft wird darauf hingewiesen, daß es letztlich immer die Arbeit ist, die Werte schafft; denn auch die eingesetzten Betriebsmittel, Werkzeuge usw. sind durch menschliche Arbeitsleistungen zustande gekommen. Andererseits ist es einfach zweckmäßig, den unten näher erläuterten Faktor Kapital einer gesonderten Betrachtung zu unterziehen.

Es soll also festgehalten werden:

Der Faktor Arbeit verkörpert diejenigen menschlichen Arbeitsleistungen, die im betrieblichen Leistungsprozeß eingesetzt werden.

Ein Wirtschaftsbetrieb ohne diesen Einsatz menschlicher Arbeit könnte auch im Zeitalter der fortschreitenden Technisierung und Automatisierung nicht betrieben werden. In der Gegenwart besteht zwar die starke Tendenz, menschliche Arbeit durch Maschinenarbeit zu ersetzen. In diesem Zusammenhang wird von Substitution der Arbeit durch Kapital gesprochen. Dieser Prozeß vollzieht sich vor allem im Fertigungsbereich. Andererseits nimmt gerade in stark technisierten Betrieben der Einsatz menschlicher Arbeit in den Hilfsbetrieben, in der Verwaltung, bei der Disposition und Kontrolle sowie im Absatzbereich stark zu. Der Einsatz menschlicher Arbeit verlagert sich also vielfach zwischen den betrieblichen Bereichen. Ein vollständiger Ersatz menschlicher Arbeit durch technische Hilfsmittel ist deshalb auch unmöglich. Mit den Veränderungen im Einsatz menschlicher Arbeit verschieben sich auch die Anforderungen an die Mitarbeiter.

Der wirtschaftliche Einsatz der Produktionsfaktoren

Es kommt darauf an, mit den verfügbaren Produktionsfaktoren wie Arbeitskraft, Betriebsmittel usw. möglichst viele Güter zu produzieren. Eine Verschwendung von Produktionsfaktoren würde dem Sinn des Wirtschaftens zuwider laufen.

Diese Überlegungen über den möglichst wirkungsvollen — man spricht auch von effektivem — Einsatz der ökonomischen Mittel bzw. Ressourcen schlagen sich in dem Prinzip der Wirtschaftlichkeit nieder. Dieses allgemeine Wirtschaftlichkeitsprinzip wird in zwei Varianten formuliert, die stets gemeinsam in Erscheinung treten.

Das Wirtschaftlichkeitsprinzip lautet: Mit einem vorgegebenen Mitteleinsatz soll ein möglichst großes Ergebnis erzielt werden.

Oder: Ein bestimmtes Ergebnis soll mit einem möglichst geringen Einsatz von Mitteln erreicht werden.

Der Grundsatz der Wirtschaftlichkeit — das ökonomische Prinzip — gilt nicht nur für ganze Volkswirtschaften, sondern auch für den Leistungsprozeß in jedem einzelnen Betrieb. Ständige Verstöße gegen dieses grundlegende Prinzip gefährden die Existenz des Betriebes und mindern seine Fähigkeit, einen Beitrag zur Bedarfsdeckung der Volkswirtschaft zu leisten. Auch wenn einzelne Betriebe letztlich andere Ziele anstreben, wenn z. B. Interesse in erster Linie an Gewinnerzielung oder steigenden Umsätzen besteht, muß die Erzielung einer bestmöglichen Wirtschaftlichkeit angestrebt werden. Sie ist eine wichtige Voraussetzung für das Erreichen anderer Ziele. Es gibt allerdings einzelne Beispiele, in denen vorübergehend Betriebe trotz unwirtschaftlicher Produktionsweisen sehr gut existieren konnten.

Es ist offenkundig, daß das Streben nach Wirtschaftlichkeit in bezug auf den Faktor Arbeit zu Konfliktsituationen führen muß. Das Personalwesen beschäftigt sich intensiv gerade mit dieser Problematik, die sich aus der Besonderheit des Faktors Arbeit ergibt (vgl. Abschnitt B).

2. Die betriebswirtschaftlichen Funktionen

Es wurden nun schon zahlreiche Aufgabengebiete genannt, die in jedem Betrieb immer wieder auftauchen. Gruppen solcher Vorgänge, die für das Bestehen von Betrieben notwendig sind, werden zu betriebswirtschaftlichen oder betrieblichen Funktionen zusammengefaßt. Ein Betrieb muß z. B., um bestehen zu können, irgend etwas produzieren. Die Produktion ist deshalb eine betriebliche Funktion. Oder: Betriebe müssen über finanzielle Mittel verfügen, um existieren zu können. Die entsprechende Funktion bzw. der zugehörige Aufgabenkomplex heißt Finanzierung.

a) Die leistungswirtschaftlichen Funktionen Absatz, Produktion und Beschaffung

Gegenstand betrieblicher Tätigkeit sind zunächst die betrieblichen Leistungen. Die mit der Leistungserstellung und ihrer marktlichen Verwertung verbundenen Vorgänge sollen als leistungswirtschaftliche Prozesse bezeichnet werden. Dabei bietet sich die Dreiteilung Beschaffung, Produktion und Absatz an.

aa) Beschaffung

Um produzieren zu können, müssen die erforderlichen Produktionsfaktoren bereitgestellt werden. Dieser Vorgang wird als Beschaffung bezeichnet.

Das Beschaffungsproblem bezieht sich grundsätzlich auf alle Produktionsfaktoren: auf Betriebsmittel und Werkstoffe, auf finanzielle Mittel, auf Arbeitskräfte.

Die Problematik der Beschaffung finanzieller Mittel und der damit verbundenen Fragen wird aber aus Zweckmäßigkeitsgründen als besonderer Problemkreis der Finanzierung herausgehoben.

Ähnliches gilt für die Beschaffung von Arbeitskräften. Der Produktionsfaktor unterscheidet sich grundsätzlich von den anderen Faktoren. Auf diese Besonderheiten wird im nächsten Kapitel noch eingegangen. Die Beschaffung von Arbeitskräften ist als Teilaspekt der Funktion Personalwesen anzusehen.

Es bleibt also die Bereitstellung von Betriebsmitteln und Werkstoffen als Gegenstand der Beschaffung im engeren Sinne. Gelegentlich werden sogar die Betriebsmittel noch aus der Betrachtung ausgeklammert.

bb) Produktion

Ehe die Güter verkauft werden können, müssen sie bereitgestellt werden. Unternehmungen können die erforderlichen Güter selbst einkaufen — dieser Weg dominiert z. B. im Großhandel — oder sie herstellen, produzieren. Die Produktion ist der zweite große güter- bzw. leistungswirtschaftliche Funktionsbereich in Betrieben.

> *In einem sehr weiten Sinne wird unter Produktion jegliche Kombination von Produktionsfaktoren, d. h. praktisch der gesamte leistungswirtschaftliche Prozeß von der Beschaffung bis zum Absatz verstanden.*
>
> *In weitgehender Übereinstimmung mit dem Sprachgebrauch wird hier unter Produktion nur die Erstellung der betrieblichen Leistungen verstanden.*

Der Produktionsprozeß wird dann einerseits durch die Vorgänge der Beschaffung, andererseits durch den Absatz abgegrenzt.

cc) Absatz

Der betriebswirtschaftliche Erfolg eines Unternehmens hängt davon ab, ob die erstellten Güter tatsächlich verkauft werden. Deshalb stellt der Verkaufsbereich bzw. der Absatz in der Planungspraxis der Betriebe oft den Ausgangspunkt der Überlegungen dar. In diesem Fall werden alle anderen Teilbereiche wie Produktion, Beschaffung oder Finanzierung weitgehend von Absatzüberlegungen bestimmt. Absatz bedeutet dabei mehr als nur verkaufen.

Unter Absatz werden alle Maßnahmen in einem Betrieb verstanden, die der Verwendung der erstellten Leistungen bzw. Güter auf dem Markt dienen.

In den letzten Jahren gewann immer mehr der Gedanke der sogenannten Marketing-Ideologie an Bedeutung. Der Grundgedanke des Marketing wird etwa so formuliert: Nicht nur der Absatz, sondern alle Aktivitäten einer Unternehmung sind auf die Bedürfnisse der Abnehmer auszurichten. Marketing ist also wiederum wesentlich mehr als Absatz, der ja nur einen Teil der Tätigkeiten in einer Unternehmung umfaßt.

Marketing bedeutet, daß alles betriebliche Geschehen auf die Bedürfnisse der Abnehmer bzw. auf die Chancen des Marktes auszurichten sind.

Wird dieser Gedanke konsequent verwirklicht, dann müßten sich auch die in einem Unternehmen tätigen Menschen dem Marketing-Denken stets unterwerfen. Die Möglichkeiten des Marktes wären dann der entscheidende Einflußfaktor für das Personalwesen. Mit den Grenzen dieser Betrachtungsweise werden wir uns in diesem Lehrgang zu befassen haben.

b) Die geldwirtschaftliche Funktion Finanzierung

Die Vorgänge der leistungswirtschaftlichen Funktion spiegeln sich wie alle anderen betrieblichen Tätigkeiten in Geldströmen wider.

Die Gestaltung der betrieblichen Zahlungsströme wird als Finanzwirtschaft oder Finanzierung bezeichnet. Häufig wird das Wort Finanzierung etwas enger nur für die Beschaffung finanzieller Mittel gebraucht.

Wichtige Fragestellungen sind in diesem Zusammenhang: die Ermittlung des Kapitalbedarfs, Ermittlung und Auswahl der Kapitalbeschaffungsalternativen im Bereich von Eigen- und Fremdkapital und Fragen der finanzwirtschaftlichen Unternehmungsführung, insbesondere der Finanzplanung.

c) Überlagernde Funktionen: Informationswirtschaft, Logistik, Personalwesen

Die leistungs- und geldwirtschaftlichen Funktionen werden überlagert — man könnte auch sagen ergänzt — durch weitere Vorgänge, die nur mittelbar mit der Leistungserstellung zu tun haben, für das Bestehen von Betrieben aber ebenfalls unabdingbar sind Im Vordergrund stehen hierbei die Informationswirtschaft, die betriebswirtschaftliche Logistik und das Personalwesen.

aa) Informationswirtschaft

Zur Gewährleistung der Führung von Betrieben und zur Aufrechterhaltung aller erforderlichen betrieblichen Prozesse ist die Bereitstellung und der Austausch von Informationen über das interne und externe Geschehen des Betriebs notwendig.

Die längste Tradition im Rahmen des betrieblichen Informationswesens hat das Rechnungswesen. Daneben sind aber auch z. B. Marktforschung oder die zahlreichen Bemühungen um die Aufbereitung von Führungsinformationen im Rahmen sogenannter Management-Informationssysteme zu nennen. Derartige Informationssysteme werden — soweit die entsprechenden Bestrebungen bisher realisiert wurden — für einzelne Teilbereiche wie Absatz- oder Personalbereich aufgebaut. Es wird dann z. B. von Marketing- oder Personalinformationssystemen gesprochen.

bb) Logistik

Alle Vorgänge, die mit Material-, Energie- und Produktionsfluß zu tun haben, werden in neuerer Zeit vielfach unter der Bezeichnung betriebswirtschaftliche Logistik zusammengefaßt. Zum Teil werden die Vorgänge des Transports einschließlich des Produktionsflusses und der Lagerung auch gesondert erfaßt und im Rahmen der leistungswirtschaftlichen Funktionen Beschaffung, Produktion und Absatz erörtert. In jedem Fall aber ist den genannten Vorgängen auch im Rahmen betriebswirtschaftlicher Überlegungen Aufmerksamkeit zu schenken.

cc) Personalwesen

Es hat sich mit der zunehmenden Bedeutung des Produktionsfaktors Arbeit, insbesondere aufgrund dessen Knappheit, der veränderten qualitativen Anforderungen und der veränderten gesellschaftlichen Situation, als zweckmäßig erwiesen, alle mit Planung, Realisation und Kontrolle von Maßnahmen zur Beschaffung, zum Einsatz, zur Motivation und Förderung des Personals in einer besonderen betriebswirtschaftlichen Teildisziplin zusammenzufassen.

Das Personalwesen trägt dazu bei, daß alle anderen betrieblichen Aufgabenbereiche erfüllt werden können, wenn die erforderlichen Mitarbeiter beschafft werden, für deren Einsatz gesorgt wird oder wenn durch Ausbildungsmaßnahmen jene Qualifikationen vermittelt werden, die in dem Betrieb nötig sind.

Die Grundproblematik des Personalwesens und die einzelnen Teilbereiche werden im folgenden kurz skizziert und im Rahmen dieses Kurses noch ausführlich dargestellt.

Fragen:

6. Welche Produktions- bzw. Leistungsfaktoren werden zur Gütererstellung eingesetzt?
7. Wie lautet das ökonomische Prinzip?
8. Kann man sagen: Das Ziel aller Betriebe ist die Verwirklichung des ökonomischen Prinzips?
9. Was wird unter betrieblichen bzw. betriebswirtschaftlichen Funktionen verstanden?
10. Welches sind die wichtigsten betrieblichen Funktionen?

B. Die Grundproblematik des Personalwesens

Lernziel:

Nachdem Sie dieses Kapitel durchgearbeitet haben, sollen Sie folgendes können:

— die Besonderheiten erläutern, die sich beim Einsatz des Faktors Arbeit ergeben,

— mögliche Widersprüche zwischen dem Streben nach Wirtschaftlichkeit und Personenentsprechung beschreiben.

Die bisherigen Überlegungen haben gezeigt, daß der Einsatz aller Produktionsfaktoren — auch des Faktors Arbeit — bestimmten wirtschaftlichen Erfordernissen genügen muß. Würde man sich auf diese Forderung allein beschränken, dann kämen Aussagen etwa der folgenden Art zustande:

Die menschliche Arbeitskraft ist im Produktionsprozeß so einzusetzen, daß eine möglichst große Menge an Gütern produziert wird; oder: Bewegungsabläufe an einem Arbeitsplatz müssen so gestaltet werden, daß ein möglichst großes Ergebnis je Zeiteinheit zustande kommt.

Es ist zu überlegen, ob man dem Menschen gerecht wird, wenn man sich auf die Gestaltung wirtschaftlicher Bewegungsabläufe beschränkt bzw. wenn man nur die produzierte Gütermenge sieht. Von dem Produktionsfaktor Arbeit bzw. den Menschen, die diesen Faktor verkörpern, wird hier wie von Maschinen oder von Werkzeugen gesprochen. Eine solche Betrachtungsweise kann nicht befriedigen. Als Ziel des Wirtschaftens hatten wir die Bedürfnisbefriedigung herausgestellt. Es liegt nahe, den Wirtschaftsprozeß selbst so zu gestalten, daß zum Beispiel solche Bedürfnisse wie die nach Sicherheit, nach Anerkennung oder nach Selbstverwirklichung weitgehend erfüllt werden.

Aufgabe des Personalwesens ist es, hier für eine differenziertere und damit auch humanere Betrachtungsweise zu sorgen. Dies geschieht sowohl im Interesse des einzelnen Mitarbeiters als auch im Interesse des Betriebes, der die Besonderheiten des Faktors Arbeit berücksichtigen muß. Diese Besonderheiten sollen im folgenden genauer betrachtet werden.

I. Besondere Merkmale des Produktionsfaktors Arbeit

Zu dem „Input“ eines Produktionsprozesses gehören — wie an anderer Stelle dargelegt — insbesondere Maschinen, Werkzeuge, Rohstoffe, Arbeit. Der Faktor Arbeit unterscheidet sich jedoch in vielerlei Beziehung von dem Faktor Kapital. Unterschiede bestehen in der Bindung der Arbeit an Menschen, in der Mitgliedschaft dieser Menschen zu sozialen Gruppen und in der Differenzierung der Aufgaben.

1. Die personale Gebundenheit der Arbeit

Ohne menschliche Arbeit gibt es keine betriebliche Leistung. Der Faktor Arbeit kann aber nicht von der menschlichen Person getrennt werden. Es steht dem Betrieb keine „Arbeit an sich" zur Verfügung. Die menschliche Arbeit muß höchstpersönlich erbracht werden.

Der Einsatz von Arbeit im Betrieb bedingt also die Eingliederung von Personen in den betrieblichen Leistungsprozeß.

Dies ist beim Produktionsfaktor Kapital anders. Hier besteht durchaus die Möglichkeit, daß die Eigenkapitalgeber lediglich ihr Kapital im Betrieb einsetzen, ohne mit ihrer Person im Betrieb tätig zu werden.

Ein Beispiel hierfür geben die Aktionäre einer Aktiengesellschaft.

2. Ganzheitliche Mitgliedschaft des Menschen

Aus der personalen Gebundenheit der Arbeit folgt ein weiteres Merkmal:

Der Einsatz menschlicher Arbeit bedingt die ganzheitliche Hereinnahme der arbeitenden Personen in den Betrieb.

Mitglied des Betriebs ist immer der ganze Mensch, der durch eine spezifische Lebensgeschichte und zahlreiche Merkmale gekennzeichnet ist, die nicht alle in gleicher Weise den Arbeitsbeitrag fördern.

Es besteht durchaus die Möglichkeit, daß der Mensch nicht nur leistungsfördernde Qualitäten in den Betrieb einbringt. Mit seiner Person können auch leistungsneutrale und leistungshemmende Eigenschaften verbunden sein, die beim Einsatz im Betrieb wirksam werden können. Der Mensch im Betrieb ist also grundsätzlich mehr als sein bloßes „Arbeitspotential".

3. Außerbetriebliche Sozialbindungen

Von Bedeutung ist auch die Tatsache, daß der Mitarbeiter im Betrieb nicht ausschließlich als Arbeitskraft tätig ist, sondern in vielerlei Beziehungen zu außerbetrieblichen Sozialgebilden steht.

Beispiel:

> Die Mitarbeiter eines Betriebes sind gleichzeitig Angehörige ihrer Familien, Bürger ihrer Gemeinden und des Staates, Mitglieder in Vereinen und Verbänden, Angehörige von Kirchen, Mitglieder von Gewerkschaften und von Parteien.

Durch diese Beziehungen der Mitarbeiter zu außerbetrieblichen Gruppierungen ist der Betrieb mit der sozialen Umwelt verflochten.

Alle diese Mitgliedschaften beeinflussen das Verhalten der Mitarbeiter im Betrieb. Bisweilen ist auch innerhalb des Betriebes das Verhalten von Mitarbeitern mehr durch Mitgliedschaften in außerbetrieblichen Sozialgebilden bestimmt als durch die Zugehörigkeit zum Betrieb selbst.

Auch aus diesen Überlegungen folgt, daß sich das betriebliche Personalwesen mit der ganzheitlichen Person der Mitarbeiter des Betriebs beschäftigen muß. Es muß auch mit den leistungsneutralen und leistungswidrigen Eigenheiten bei den Mitarbeitern rechnen. Außerdem ist die Zugehörigkeit der Mitarbeiter zu gesellschaftlichen Gebilden außerhalb des Betriebes zu berücksichtigen. Ansprüche außerbetrieblicher Institutionen — z. B. Familie, Gemeinde, Staat, Gewerkschaft — an die Mitarbeiter kann der Betrieb nicht einfach übergehen. Insbesondere ist der betriebliche Führungsstil so zu gestalten, daß er mit außerbetrieblichen Gesellschaftsstrukturen nicht in Konflikt gerät.

4. Arbeitsteiligkeit

Die Beschäftigung vieler Mitarbeiter in einem Betrieb bedeutet, daß der Betrieb die in ihm tätigen Menschen mit unterschiedlichen Aufgaben beschäftigt. Es wurde schon darauf hingewiesen, daß die Arbeitsteilung im betrieblichen Leistungsprozeß und die damit verbundene Spezialisierung den Ertrag des Betriebes steigert.

Die neuere Arbeitswissenschaft zeigt zwar, daß es **„Grenzen der Arbeitsteilung"** gibt. Dennoch wäre es unwirtschaftlich, wenn ein Betrieb alle Mitarbeiter mit völlig gleichen Aufgaben beschäftigen wollte. Die unterschiedlichen Anforderungen der einzelnen Aufgaben und die verschiedenartigen Qualitäten der Mitarbeiter zwingen zum arbeitsteiligen Einsatz des Faktors Arbeit. Daraus wiederum erwachsen für den Betrieb Probleme wie die Personalauswahl, das Heranführen von Mitarbeitern an qualifiziertere Tätigkeiten und ähnliches.

5. Der Faktor Arbeit im Plural

Der Tatbestand der ganzheitlichen Mitgliedschaft des Menschen und dessen Mehrfachmitgliedschaft in vielerlei Gruppierungen deutet schon auf ein f ü n f t e s Merkmal hin: die Tatsache, daß Menschen als soziale Wesen zu betrachten sind und daß im Betriebsprozeß dieser Aspekt wirksam ist. In den meisten Betrieben unserer Wirtschaft erfordert der Leistungsprozeß das Arbeitspotential mehrerer, zum Teil sehr vieler Menschen. Dies folgt zwangsläufig aus dem Tatbestand der arbeitsteiligen industriellen Massenproduktion. Obwohl es noch immer Ein-Mann-Betriebe gibt, sind die Mehr-Mann-Betriebe mit einigen hundert oder tausend Mitarbeitern charakteristisch für die moderne Wirtschaft.

Das betriebliche Personalwesen hat es also regelmäßig nicht nur mit einzelnen Mitarbeitern zu tun. Aus dem Zusammensein und Zusammenarbeiten mehrerer bzw. vieler Menschen im Betrieb ergeben sich besondere Anforderungen, denen der Betrieb durch entsprechende Personal- und Sozialmaßnahmen gerecht zu werden sucht.

Die Sozialnatur der menschlichen Person zeigt sich auch dadurch, daß Menschen im Betrieb nicht isoliert eingesetzt werden.

Die zwischenmenschlichen Beziehungen treten im Betrieb in drei Kategorien in Erscheinung: in den Beziehungen Individuum zu Individuum, Individuum zu Gruppe und Gruppe zu Gruppe.

Das betriebliche Personalwesen wäre sehr einseitig ausgerichtet, wenn seine Maßnahmen nur auf die Einzelperson der Mitarbeiter zielen und nicht auch die Beziehungen zwischen den Mitarbeitern und den Gruppen innerhalb der Belegschaft berücksichtigen würden.

Fragen:

11. Worin liegt der Unterschied beim Einsatz der Faktoren Arbeit und Kapital im Betrieb?
12. Woraus ergibt sich die Verflechtung des Betriebes mit der sozialen Umwelt?
13. Weshalb wird der Faktor Arbeit arbeitsteilig eingesetzt?
14. Welche zwischenmenschlichen Beziehungen treten in den Betrieben in Erscheinung?

II. Wirtschaftliche gegenüber personalen Anforderungen

Das gesamte Personalwesen steht im Spannungsfeld zwischen dem Streben nach Wirtschaftlichkeit und dem Streben nach Personenentsprechung. Diese beiden Bestrebungen sollen zunächst einzeln erläutert werden. Dann wird auf die Konflikte eingegangen, die zwischen diesen beiden Bestrebungen bestehen.

1. Wirtschaftliche Gesichtspunkte des Personaleinsatzes

Der Einsatz der menschlichen Arbeit im Betrieb verursacht Kosten. Das Prinzip der Wirtschaftlichkeit verlangt, daß der Betrieb ein möglichst günstiges Verhältnis zwischen Kosten und Leistungen zu verwirklichen sucht. Deshalb unterliegen auch die mit dem Einsatz der Arbeit verbundenen Kosten diesem Streben. Trotz der Besonderheiten des Faktors Arbeit müssen die Maßnahmen des betrieblichen Personal- und Sozialwesens auch dazu beitragen, das Streben nach einer möglichst wirtschaftlichen Erstellung und Verwertung der betrieblichen Leistung zu fördern. Dabei kommt es meist weniger auf eine absolute Senkung der Kosten im Personalbereich an; vielmehr sollen die Aufwendungen des betrieblichen Personal- und Sozialwesens die von den Mitarbeitern abhängigen Leistungsbeiträge sichern und verbessern helfen.

2. Die Forderung nach Personenentsprechung

Im Zusammenhang mit der menschlichen Arbeit kann nicht unbegrenzt rationalisiert werden. Stets ist daran zu denken, daß Arbeit an Personen gebunden ist. Die Maßnahmen des Personal- und Sozialwesens können sich nicht allein am

Prinzip der Wirtschaftlichkeit orientieren. Sie müssen auch die Natur der menschlichen Person berücksichtigen. Damit werden die individuellen Ziele und Bedürfnisse der Mitarbeiter als Einflüsse wirksam. Ganz allgemein könnte man diesen Gesichtspunkt in dem Satz zusammenfassen: Die Maßnahmen müssen auch zur Arbeitszufriedenheit der Mitarbeiter beitragen.

Beispiel:

> Das Bedürfnis nach materieller Sicherheit, nach Zugehörigkeit zu sozialen Gruppierungen, nach Anerkennung und Einfluß, nach einer bestmöglichen Verwirklichung der eigenen Fähigkeiten muß durch die Tätigkeit im Betrieb befriedigt werden können.

Aus derartigen Überlegungen resultieren u. a. folgende **Aufgabenstellungen des Personalwesens:**

— Entwicklung und Förderung der Entfaltung der in den Mitarbeitern angelegten Fähigkeiten und Qualitäten, wobei das menschliche Selbstbestimmungsrecht gewahrt bleiben muß.

— Schaffung von Arbeitsbedingungen, die möglichst große Arbeitszufriedenheit sichern.

— Entwicklung einer vertrauensvollen Zusammenarbeit aller Betriebsangehörigen.

— Schutz der menschlichen Person vor Übergriffen jeglicher Art.

3. Konflikte zwischen Wirtschaftlichkeit und Personenentsprechung

Die gleichzeitige Verwirklichung der Prinzipien Personenentsprechung und Wirtschaftlichkeit ist nicht immer möglich. So wird zum Beispiel ein Fließbandarbeiter feststellen, daß er sich bei einer um 50 % längeren Taktzeit wohler fühlt. Seine Arbeitszufriedenheit wird also größer sein. Das Verhältnis von Kosten und Leistungen wird aber vielleicht ungünstiger. Die Arbeitszufriedenheit steigt, die Wirtschaftlichkeit sinkt.

Viele Fachleute des Personalwesens neigen allerdings zu der Überzeugung, daß bei l ä n g e r f r i s t i g e r B e t r a c h t u n g kein Widerspruch zwischen diesen beiden Grundsätzen bestehen muß. Vielmehr bedeute gerade der personengerechte Einsatz der menschlichen Arbeit im betrieblichen Leistungsprozeß die optimale Verwirklichung des Prinzips der Wirtschaftlichkeit.

Diese Feststellung wird auf unterschiedliche Art und Weise begründet. Gängig ist etwa die Argumentation Taylors, daß sich die Interessen des Arbeitgebers und des Arbeitnehmers keineswegs unvereinbar gegenüberstehen und „Prosperität des Arbeitgebers auf lange Jahre hinaus nur bei gleichzeitiger Prosperität des Arbeitnehmers bestehen kann und umgekehrt". Das Streben nach höherem Lohn einerseits und nach möglichst geringen Herstellkosten andererseits sei also gleichzeitig realisierbar.

Eine differenziertere Betrachtungsweise ist erforderlich, wenn es um die Beseitigung kurzfristiger Konflikte geht. Aufgabe des Personalwesens ist es dann, Entscheidungsregeln zur Lösung bereitzustellen. Diese Überlegungen gehen davon aus, daß es sich langfristig „auszahlt", die personellen Anforderungen gebührend zu berücksichtigen. Damit kann sich die Motivation der Mitarbeiter erhöhen, so daß mit insgesamt befriedigenderen ökonomischen Ergebnissen zu rechnen ist. Dieses Bestreben wird z. B. auch durch Vereinbarungen zwischen Unternehmensleitung und Mitarbeitern über Formen wirtschaftlicher Kooperation, etwa durch die Erfolgsbeteiligung, unterstützt.

Eine andere Betrachtungsweise ist erforderlich, wenn die Austragung der aus den Widersprüchen resultierenden Konflikte analysiert wird. Diese Denkweise liegt etwa dem Klassenkampfmodell von Karl Marx oder den Überlegungen vieler Betriebssoziologen zugrunde. Bei Soziologen steht zunächst die Beobachtung und wissenschaftliche Erklärung des Konfliktgeschehens im Vordergrund, daneben werden jedoch auch Regeln zur Konflikthandhabung abgeleitet. Das heißt, man beschäftigt sich damit, wie man sich beim Auftreten von Konflikten verhalten kann und welche Ergebnisse aus diesen Verhaltensweisen resultieren. Das betriebliche Personalwesen bedient sich dieser Forschungsergebnisse. Die Überlegungen der meisten Personalfachleute zielen allerdings auf Beiträge zur Reduzierung sowie zur Nutzbarmachung dieser Konfliktsituation im Sinne eines Strebens nach erfolgreichem Überleben des Betriebes.

Fragen:

15. Weshalb können sich die Maßnahmen des Personalwesens nicht allein am Prinzip der Wirtschaftlichkeit orientieren?
16. Weshalb kann es zu einem Konflikt zwischen den Prinzipien „Wirtschaftlichkeit" und „Personenentsprechung" kommen?

C. Aufgabenstellung und Teilbereiche des betrieblichen Personalwesens

Lernziel:

Nachdem Sie dieses Kapitel durchgearbeitet haben, sollen Sie folgendes können:

- das Personalwesen nach typischen Aufgabenbereichen gliedern,
- die Teilaufgaben des betrieblichen Personalwesens inhaltlich erläutern,
- die Bedeutung der Personalpolitik und der Personalplanung im Rahmen des Personalwesens erläutern,
- Organisation des Personalwesens und Personalverwaltung gegeneinander abgrenzen.

Überlegungen über die Aufgabenstellungen und Teilbereiche des betrieblichen Personalwesens können von zwei Ansatzpunkten ausgehen. Wir können fragen: Welche Probleme müssen gelöst werden, die mit der Tätigkeit von Menschen im Betrieb zu tun haben? Es kann aber auch gefragt werden: Welche Schritte sind zu tun, wenn Entscheidungen zur Lösung dieser Probleme anstehen?

Hier sollen beide Wege aufgezeigt werden. Zunächst wird gefragt, welche typischen Fragestellungen sich im Personalbereich eines Betriebs ergeben.

I. Aufgabenbereiche des Personalwesens

In einer zunächst noch etwas vereinfachten Betrachtungsweise können folgende Aufgaben des Personalwesens genannt werden:

Arbeitskräfte müssen beschafft werden, sie müssen unter Berücksichtigung betrieblicher Notwendigkeiten und persönlicher Interessen im Betrieb eingesetzt werden, ihnen müssen die für diese Arbeiten noch nicht vorhandenen Qualifikationen vermittelt werden und sie müssen schließlich in den Betrieb eingegliedert werden. Zu diesem letzten Bereich gehört auch die Aufgabe, den Mitarbeitern Anreize für ihre Tätigkeit bereitzustellen. Diese Aufgaben sollen im folgenden kurz umrissen werden.

1. Sicherung des erforderlichen Personalbestandes (Personalbeschaffung)

Häufig wird die Beschaffung von Mitarbeitern zur Erfüllung der betrieblichen Aufgaben als wichtigstes Teilgebiet des Personalwesens angesehen. Die Zielsetzung lautet also: Bereitstellung der richtigen Anzahl von Mitarbeitern mit den erforderlichen Qualifikationen.

Ausgangspunkt der Überlegungen ist dabei stets die Personalbedarfsermittlung, die sich an den zu erfüllenden Aufgaben des Betriebs orientiert. Der ungedeckte Personalbedarf erfordert Personalbeschaffungsmaßnahmen. Bei einem personellen Überhang — die Belegschaft ist zu groß — sind umgekehrt Überlegungen über die Personalfreisetzung oder über die Erweiterung der Aufgaben, z. B. die Erweiterung des Produktionsprogramms nötig. Diese zuletzt genannte Aufgabe wird man allerdings nicht mehr dem Personalbereich zuordnen.

Abb. 3 zeigt den Zusammenhang zwischen zu erfüllenden Aufgaben, Personalbedarf, Personalbeschaffung und -freisetzung einerseits und den Gebieten Personaleinsatz und -ausbildung andererseits. Die für einen Einsatz fehlenden Qualifikationen der vorhandenen Arbeitskräfte müssen durch Ausbildungsmaßnahmen vermittelt werden.

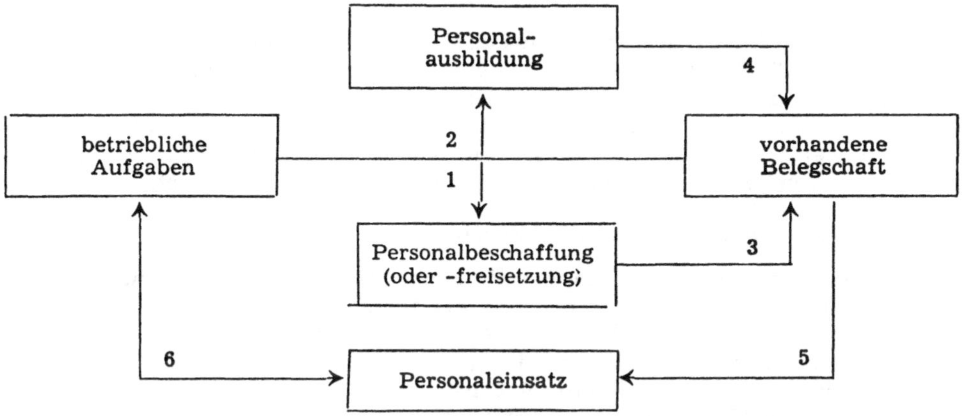

Abb. 3: Zusammenhänge zwischen einigen Teilgebieten des Personalwesens

(1) Aus den zu erfüllenden Aufgaben und der vorhandenen Belegschaft ergeben sich Personalbeschaffungs- oder -freisetzungsnotwendigkeiten oder (2) Ausbildungserfordernisse. Durch Personalbeschaffung oder -freisetzung (3) wird die Belegschaft vor allem mengenmäßig, durch Personalausbildung (4) qualitativ verändert. Diese Belegschaft wird durch den Personaleinsatz (5) und (6) den betrieblichen Aufgaben zugeordnet (bzw. umgekehrt).

Da man seit Beginn der Industrialisierung grundsätzlich einen Überschuß an Arbeitskräften zu verzeichnen hatte, wurde lange Zeit die Personalbeschaffung sehr unsystematisch betrieben. Heute dagegen gibt es mehrere Gründe, die diesem Teilgebiet des Personalwesens großes Gewicht zukommen lassen:

— In Zukunft ist — zumindest auf Teilgebieten des Arbeitsmarktes — mit einer Verknappung von Arbeitskräften zu rechnen, die nur teilweise durch den Einsatz ausländischer Arbeitskräfte eingeschränkt werden kann.

— Mit zunehmender Spezialisierung der Betriebe wird eine kurzfristige Versorgung des Betriebs mit qualifizierten Mitarbeitern immer schwieriger. Die Personalbeschaffung muß also in längeren Zeiträumen als bisher disponieren.

— Die betrieblichen Arbeitsbedingungen unterliegen in vielen Branchen einem rapiden Wandel. Die Dynamik im Einsatz der Arbeitskräfte erschwert zwar die länger vorausschauende Planung; sie erfordert andererseits, daß sich der Betrieb frühzeitig mit den künftigen Anforderungen an seine Mitarbeiter befaßt.

2. Personaleinsatz

Beim Personaleinsatz handelt es sich um die Zuordnung von Menschen und Aufgaben.

Diese Zuordnung bzw. Anpassung wird auf zweierlei Art und Weise in Angriff genommen:

a) Zuordnung von Personen zu Aufgaben

Aus der betrieblichen Gesamtaufgabe (z. B. Herstellung und Verkauf von Schuhen) werden Teilaufgaben (z. B. Zuschneiden des Oberleders) gebildet. Nun müssen für diese Teilaufgaben die geeigneten Personen gefunden werden. Bei teilweise wechselnden oder unregelmäßig anfallenden Aufgaben muß außerdem geregelt werden, wer im Einzelfall wann welche Arbeit auszuführen hat. Das Aufstellen von Schichtplänen gehört z. B. zu diesem Problembereich.

b) Zuordnung von Aufgaben zu Personen

Man wird aber auch versuchen, das Problem umgekehrt zu betrachten und zu fragen: Wie müssen die Aufgaben und die Bedingungen am Arbeitsplatz aussehen, damit die schon vorhandenen Mitarbeiter ihren Fähigkeiten und Möglichkeiten entsprechend tätig werden können? Diesem Ziel wird man unter anderem dadurch gerecht, daß die Arbeitsmittel und Arbeitsplätze an der Natur der arbeitenden Menschen ausgerichtet werden. Im Einzelfall versucht man sogar, nicht Menschen für Arbeitsplätze, sondern Arbeitsplätze bzw. geeignete Aufgaben für bestimmte Menschen zu suchen. Dies ist z. B. im Zusammenhang mit Behinderten sogar die Regel.

Der Personaleinsatz ist also dadurch gekennzeichnet, daß eine wirtschaftliche Erfüllung der betrieblichen Aufgaben unter gleichzeitiger Wahrung der Persönlichkeitswerte und Ziele der arbeitenden Menschen möglich wird.

Dieser Problembereich gehört zum klassischen Bestand des betrieblichen Personalwesens. Arbeitswissenschaften, Betriebspsychologie und Betriebssoziologie haben zusätzliche Erkenntnisse zur Lösung der Aufgaben beigetragen.

3. Personalausbildung und -förderung

Neue Belegschaftsmitglieder verfügen nicht immer von vornherein über die für ihre Tätigkeit erforderlichen Qualifikationen. Überdies wechseln — bedingt durch technische und organisatorische Neuerungen — die Anforderungen an die Mitarbeiter im Lauf ihrer Mitgliedschaft in einem Betrieb. Daraus ergibt sich die Notwendigkeit zur Aus- bzw. Fortbildung von Mitarbeitern. Aus- und Fortbildung — evtl. in Verbindung mit einer Laufbahnplanung — sind gleichzeitig ein wesentlicher Ansatzpunkt zur Förderung der Entfaltung der in den Mitarbeitern angelegten Fähigkeiten und Qualifikationen.

Betriebliche Ausbildung und die berufliche Förderung von Mitarbeitern wurde bisher zumeist als soziale Maßnahme gesehen. Entsprechend unterschiedlich wurde die Bedeutung des Ausbildungssektors eingeschätzt. Gegenwärtig wird dem Ausbildungssektor einschließlich aller Fragen der Fort- bzw. Weiterbildung mehr Aufmerksamkeit geschenkt als je zuvor.

Neben der Notwendigkeit zur Qualifizierung der Belegschaftsmitglieder für ihre sich teilweise rasch wandelnden Aufgaben wird die Bedeutung der Ausbildung durch folgende Überlegungen unterstrichen: Betriebe, die für ihre guten Ausbildungsmöglichkeiten bekannt sind, haben es leichter, fähige Mitarbeiter zu finden. Die mit der beruflichen Förderung verbundene Anerkennung und die mit beruflichen Fortbildungsmöglichkeiten verbundenen Aufstiegschancen sind ein wichtiger Motivationsfaktor. Die große Bedeutung von Ausbildungsaktivitäten hat sich zuletzt auch in einer breiten gesellschaftspolitischen Diskussion niedergeschlagen, die ihrerseits den oben beschriebenen Trend verstärkte.

Bei der Betrachtung von Ausbildungsvorgängen setzt sich immer mehr die Interpretation der Ausbildung als Investition in das **„Humankapital"** des Betriebes durch. Ausbildung wird also kaum noch als soziale Leistung, sondern viel eher als Investition begriffen, die sich zu einem späteren Zeitpunkt wieder „auszahlt".

4. Personaleingliederung und Mitarbeitermotivation

Die Mitarbeiter, die beschafft, für ihre Tätigkeit qualifiziert und einem bestimmten Aufgabengebiet zugewiesen sind, müssen mit den Regeln, Zuständigkeiten usw. vertraut gemacht werden. Diese Aufgabe ist zum Beispiel bei ausländischen Arbeitnehmern, die mit der industriellen Arbeitswelt oft weniger vertraut sind, besonders wichtig.

Man kann die Tätigkeit von Mitarbeitern unter dem Gesichtspunkt der gewählten Anreize und der dafür geleisteten Beiträge sehen. Die Belegschaftsmitglieder stellen dem Betrieb ihre Arbeitskraft zur Verfügung und leisten durch ihre Arbeit — z. B. durch das Warten von Maschinen — Beiträge zur Erfüllung der betrieblichen Aufgaben. Ein Beitrag in diesem Sinne ist es aber auch, wenn ein Mitarbeiter unaufgefordert einen unnötigerweise laufenden Wasserhahn abdreht, um die Kosten zu vermindern. Das alles tun die Mitarbeiter aber nur, wenn sie Anreize erhalten. Diese Anreize können ebenfalls sehr unterschiedlicher Art sein. Außer dem Lohn ist es z. B. auch ein Anreiz, mit angenehmen Arbeitskollegen zusammenzuarbeiten, einen kurzen Weg zur Arbeitsstätte zu haben oder Ausbildungsmöglichkeiten nutzen zu können.

Die Mitarbeitermotivation wurde lange Zeit nur als eine Frage der Entlohnung angesehen. Diese Betrachtungsweise war am Beginn der Industrialisierung wohl auch angebracht, denn es ging damals ja hauptsächlich darum, die oft nicht vorhandene Existenzgrundlage für die verarmten Fabrikarbeiter zu schaffen. Je mehr aber die grundlegenden Bedürfnisse — bessere Sicherung von Unterkunft und Ernährung — befriedigt wurden, um so mehr wurden auch andere Bedürfnisse wichtig: Zum Beispiel das Sicherheitsstreben, das Streben nach sozialer Zugehörigkeit, nach Anerkennung oder nach Selbstverwirklichung. Neben der Mitarbeiterentlohnung sind deshalb in diesem Zusammenhang betriebliche Sozialpolitik und Personalbetreuung von Bedeutung. Fragen des Führungsstils oder der Arbeitsorganisation werden auch unter dem Motivationsaspekt gesehen.

Es muß aber darauf hingewiesen werden, daß bei der Behandlung der Entlohnung, der Betreuung und der betrieblichen Sozialpolitik traditionellerweise im Rahmen des Personalwesens auch die mehr praktischen Fragestellungen behandelt werden. Diese Gebiete sollen deshalb in ihrer Gesamtheit kurz skizziert werden.

a) Mitarbeiterentlohnung

Ein zentrales Aufgabengebiet des betrieblichen Personalwesens ist die Vergütung der geleisteten Arbeit. Die Entlohnungspraxis hat seit über einem Jahrhundert eine Vielzahl von Entgelt-Formen entwickelt. Die Vielschichtigkeit des Entlohnungsproblems erkennt man heute daran, daß die richtige Entlohnung geleisteter Arbeit u. a. ein betriebswirtschaftliches, ein volkswirtschaftliches, ein arbeitswissenschaftliches, ein sozialethisches und ein arbeitsrechtliches Problem ist.

Ansatz der Entlohnung ist vorwiegend die vom Mitarbeiter erbrachte Leistung.

Für die Leistungsentlohnung gibt es zahlreiche Entlohnungsformen, die immer weiter entwickelt und den veränderten Leistungsbedingungen angepaßt werden müssen. Moderne Arbeitstechniken machen häufig die Anwendung herkömmlicher Arten der Leistungsentlohnung unmöglich.

Schließlich muß darauf hingewiesen werden, daß bei der Festsetzung der Lohnhöhe vielfach auch Gesichtspunkte herangezogen werden, die nicht mit der Leistung in unmittelbarem Zusammenhang stehen oder sogar ausschließlich aus sozialen Überlegungen berücksichtigt werden (z. B. Dauer der Betriebszugehörigkeit, Familienstand).

Grundsätzlich stellt man heute die Bedingung, daß die Arbeitsentgelte der Mitarbeiter an den Anforderungen, die der Betrieb dem einzelnen Mitarbeiter am jeweiligen Arbeitsplatz stellt (Arbeitsplatzbewertung), und an der von ihm erbrachten Leistung (Leistungsmenge, Qualität, Verbrauch an Einsatzgütern) zu orientieren sind.

In der Gegenwart tritt außerdem immer stärker die Beteiligung der Mitarbeiter am wirtschaftlichen Erfolg des arbeitgebenden Unternehmens in den Vordergrund. In zunehmendem Maß dienen die Erfolgsbeteiligungssysteme dazu, den Mitarbeitern eine Beteiligung am Kapital des Unternehmens zu vermitteln (in Form von Arbeitnehmerdarlehen, stillen Beteiligungen und Belegschaftsaktien). In diesem Zusammenhang ist auch an die verschiedenen Formen der Vermögensbildung und Sparförderung zu erinnern, die aus betrieblicher Sicht allerdings nur noch mit Einschränkungen der Lohnfindungsproblematik zuzurechnen sind.

b) Betriebliche Sozialpolitik

Die moderne Sozialpolitik der Betriebe kann man in zwei Zweige gliedern:

— die quantitative Sozialpolitik umfaßt die materiell-finanziellen Leistungen des Betriebes an seine Mitarbeiter und evtl. auch an deren Angehörige, die grundsätzlich eine materielle Besserstellung der Mitarbeiter anstreben (betriebliche Sozialleistungen und Sozialeinrichtungen)

— die qualitative Sozialpolitik, die die Entwicklung „vom Arbeiter zum Mitarbeiter" fördern soll und die Überwindung des Objektseins der Arbeitnehmer erstrebt. Man bezeichnet die Aufgabe dieses Teils der betrieblichen Sozialpolitik als Bestrebungen zur „Requalifizierung der menschlichen Arbeit im modernen Betrieb". Typische Maßnahmen der qualitativen Sozialpolitik sind z. B. innerbetriebliche Information, intensive Weiterbildung.

c) Personalbetreuung

Die Sorge des Betriebes für den Faktor Arbeit kann sich auf den einzelnen Mitarbeiter und auf die ganze Belegschaft erstrecken.

Die individuelle Personalbetreuung ist bestrebt, dem einzelnen Mitarbeiter dazu zu verhelfen, daß er die ihm übertragenen Aufgaben bejahen kann, und daß er seinen Leistungsbeitrag frei von vermeidbaren Beeinträchtigungen erbringt. Außerdem erstrebt das betriebliche Personalwesen die Pflege der zwischenmenschlichen Beziehungen im Betrieb (human relations) und die Förderung des Zusammenseins und Zusammenwirkens von Menschen im betrieblichen Bereich. Problematisch ist, mit welcher Intensität die Kontakte innerhalb der Belegschaft gefördert werden sollen („Betriebsgemeinschaft", „Betriebsfamilie"). Das Grundkonzept der Personalbetreuung ist in der Gegenwart einem beträchtlichen Stilwandel unterworfen; die patriarchalischen Betreuungsformen werden immer stärker kritisiert; die partnerschaftliche Konzeption des Personalwesens tritt eher in den Vordergrund.

Fragen:

17. Welche Zielsetzung hat die Personalbeschaffung?
18. Welches Zuordnungsproblem soll durch den Personaleinsatz gelöst werden?
19. Woraus ergibt sich die Notwendigkeit einer betrieblichen Personalausbildung und -förderung?
20. Wie entsteht betriebliches „Humankapital"?
21. Welche Aufgabe haben die Maßnahmen der Personaleingliederung?
22. Auf welcher Grundlage basiert i. d. R. die Entlohnung der Mitarbeiter?
23. Worin liegt der Unterschied zwischen quantitativer und qualitativer Sozialpolitik des Betriebes?
24. Was versteht man unter „human relations"?

II. Prozeßphasen der Personalentscheidungen

Bezüglich aller genannten Tatbestände sind Überlegungen zur Planung, zur Verwirklichung und zur Kontrolle der Maßnahmen anzustellen.

Als wichtiges Spezialgebiet des Personalwesens ergibt sich die **Personalplanung:** Betriebe müssen längerfristig Konzepte darüber erarbeiten, was sie auf dem Personalsektor anstreben.

Die betriebliche Personalplanung hat in den letzten Jahren, nicht zuletzt durch die Vorschriften des Betriebsverfassungsgesetzes von 1972, stark an Bedeutung zugenommen. Besondere Beachtung wird dabei der mit der Personalplanung systematisch verbundenen Personalbeschaffung geschenkt.

Die Personalplanung beschäftigt sich mit der gedanklichen Durchdringung und Festlegung von künftigen Maßnahmen im Personalbereich.

Bei den längerfristigen Planungsüberlegungen steht die Abstimmung des Personalbereichs mit den anderen betrieblichen Teilbereichen sowie die Formulierung von Planungszielen im Vordergrund. Personalpolitik und langfristige Personalplanung sind eng miteinander verbunden.

Bei den mittel- bzw. kurzfristigen Planungsüberlegungen dominiert die Festlegung konkreter Maßnahmen zur Realisierung der Planungsziele auf den Teilgebieten des Personalbereichs, z. B. auf dem Gebiet der Personalbeschaffung oder des Personaleinsatzes.

Was geplant wird, realisiert sich nicht von selbst. Es werden deshalb auch Überlegungen zur Verwirklichung, insbesondere zur Durchsetzung der erdachten Problemlösungen angestellt. Strukturelle Regelungen werden durch die **Organisation des Personalbereichs** geschaffen. Bei Fragen der **Personalverwaltung** dominieren Überlegungen über den Ablauf der Vorgänge im Personalwesen.

Als wichtige Vorbedingung für die Realisation der Problemlösungsvorschläge wird die Existenz einer personalpolitischen Gesamtkonzeption angesehen. Sie zu entwickeln ist Aufgabe der **Personalpolitik.** Sie zielt einerseits auf den Entwurf von Zielen für den Personalbereich, andererseits auf die Umsetzung der Ziele in „handhabbare" Grundsätze als Verhaltensmaßregeln.

Der betrieblichen Personalpolitik kann man drei Aufgabenkomplexe zuordnen:

- Einordnung der betrieblichen Personalpolitik in die gesamte Unternehmenspolitik (Koordination der Personalpolitik mit der Unternehmenspolitik)
- Festlegung der grundlegenden Prinzipien, denen die einzelnen Maßnahmen des betrieblichen Personal- und Sozialwesens folgen sollen
- Abstimmung der einzelnen Leitsätze und Verhaltensweisen im Personalwesen mit den grundlegenden Prinzipien der betrieblichen Personalpolitik

Die Erledigung dieser personalpolitischen Aufgaben bildet die Voraussetzung für zielstrebige Maßnahmen des betrieblichen Personal- und Sozialwesens.

Aus den allgemeinen Prinzipien für das betriebliche Personalwesen lassen sich eine Vielzahl von einzelnen Leitsätzen für die praktische Bewältigung der alltäglichen Aufgaben, die mit dem Einsatz von Mitarbeitern im betrieblichen Leistungsprozeß verbunden sind, herleiten.

An die Planung und Realisation schließt sich die Kontrollphase an, die vor allem im Rechnungswesen bei der Erfassung der erforderlichen Daten, aber auch bei Kosten-Nutzen-Überlegungen von Bedeutung ist. In diesem Zusammenhang ist vor allem auf das Personalinformationswesen hinzuweisen.

Fragen:

25. Welche Aufgaben hat die Personalplanung?
26. Wodurch unterscheiden sich kurz- und langfristige Planungsüberlegungen?
27. Grenzen Sie die Aufgabengebiete „Organisation des Personalbereichs“ und „Personalverwaltung“ voneinander ab!

D. Bedeutsame Disziplinen für das Personalwesen

Lernziel:

Nachdem Sie dieses Kapitel durchgearbeitet haben, sollen Sie folgendes können:

- die wissenschaftlichen Disziplinen nennen, die für das Personalwesen bedeutsame Aussagen machen,
- die Aussagenbereiche von Wirtschafts-, Verhaltens-, Erziehungs-, Arbeitswissenschaften und des Rechts erläutern, die für Fragen des Personalwesens von Bedeutung sind.

Bei der Lösung der oben angedeuteten Aufgabenstellungen kann auf zahlreiche Beiträge aus verschiedenen Wissenschaften zurückgegriffen werden. Diese Wissenschaften und die von ihnen bearbeiteten Fragestellungen sollen kurz skizziert werden:

I. Wirtschaftswissenschaften

Die Wirtschaftswissenschaften befassen sich mit den Aktivitäten der Menschen, die mit dem planvollen Einsatz knapper Mittel zur Bedürfnisbefriedigung zu tun haben. Dabei können verschiedene Ebenen der Betrachtungsweise unterschieden werden. Werden alle Haushalte, Betriebe, wirtschaftliche Zusammenschlüsse, staatliche Einrichtungen und deren wirtschaftlich bedeutsamen Beziehungen betrachtet und dabei der Aufbau dieser Elemente des Wirtschaftsgeschehens nicht im einzelnen untersucht, wird von der volkswirtschaftlichen Betrachtungsweise bzw. der Disziplin Volkswirtschaftslehre gesprochen.

Die Volkswirtschaftslehre ist für die hier angesprochenen Probleme insofern von Bedeutung, als etwa Fragen der Vermögensbildung, der Verteilung des Volkseinkommens, der Entwicklung des Arbeitsmarktes und ähnliche Fragestellungen betrachtet werden.

Eine andere Betrachtungsweise wird gewählt, wenn mit den Betrieben ein wesentliches Element dieses Wirtschaftsgeschehens herausgegriffen und Aufbau sowie das Geschehen in den Betrieben analysiert wird. In der Volkswirtschaftslehre ist nur von Bedeutung, welche Mittel als sogenannter „input" in die Betriebe eingebracht werden und welche Leistungen bzw. Güter als „output" aus den Betrieben herauskommen. Bei der nun gewählten Betrachtungsweise ist von Interesse, wie dieser Prozeß abläuft, wie unterschiedliche Bedingungen diesen Prozeß und die Ergebnisse beeinflussen. In diesem Fall werden die Erkenntnisse der Betriebswirtschaftslehre herangezogen.

Oben wurde gezeigt, daß ein wichtiger Teil dieser Probleme mit dem Produktionsfaktor Arbeit und dessen Besonderheiten zu tun hat. Die damit zusammenhängenden Fragen werden von einer eigenen Teildisziplin, dem betrieblichen Personalwesen bearbeitet.

Diese Teildisziplinen, die sich neben der allgemeinen Betriebswirtschaftslehre entwickelt haben, können nach drei Kriterien gebildet und eingeteilt werden. Danach ergeben sich:

Wirtschaftszweiglehren: Werden die besonderen Probleme einzelner Branchen oder Wirtschaftszweige — z. B. von Industriebetrieben, Banken, Versicherungen, Handelsbetrieben — untersucht, ergeben sich die sogenannten Wirtschaftszweiglehren wie Industriebetriebslehre, Bankbetriebslehre usw.

Funktionslehren: Werden als Teilprobleme betriebliche Funktionen betrachtet, ergeben sich Funktionslehren wie Absatzwirtschaft, Beschaffungswirtschaft, Finanzwirtschaft oder Personalwesen. Wenn man sich mit solchen Teilgebieten — hier also mit dem Personalwesen — beschäftigt, ist es allerdings unumgänglich, die Grundüberlegungen der anderen betriebswirtschaftlichen Funktionen und die wechselseitigen Beziehungen der Teilbereiche untereinander mitzuberücksichtigen.

In diesem Kurs werden Grundkenntnisse dieser Teilbereiche vorausgesetzt. Wo über diese Grundkenntnisse notwendiges Detailwissen erforderlich ist, werden entsprechende Erläuterungen in dem jeweiligen Abschnitt gegeben.

Methodenlehren: Eine dritte Gruppe betriebswirtschaftlicher Spezialdisziplinen bildete sich durch die Notwendigkeit, spezielle Methoden zur Lösung betriebswirtschaftlicher Probleme zu entwickeln. Das gilt besonders für die Anwendung von Methoden, die auf den Nachbardisziplinen Mathematik und statistische Methodenlehre basieren. Die damit befaßte Disziplin wird Unternehmensforschung oder Operations Research genannt. Ähnliches gilt für die Anwendung der Computertechnik bei der Lösung betriebswirtschaftlicher Fragestellungen. Auch sie wird zunehmend Gegenstand einer eigenen Disziplin Wirtschaftsinformatik.

Auch diese an Methoden orientierten Teildisziplinen sind für den Personalbereich von Bedeutung. Die wichtigsten Aspekte werden in diesem Kurs in eigenen Kapiteln (z. B. EDV im Personalbereich, Rechnungswesen und Statistik im Personalbereich) sowie bei der Erörterung einzelner Problembereiche dargestellt.

II. Verhaltenswissenschaften

Wissenschaften, die sich mit dem menschlichen Verhalten befassen, werden vielfach unter der Bezeichnung Verhaltenswissenschaften zusammengefaßt. Die Verhaltenswissenschaften sind nicht zu verwechseln mit der sog. Verhaltensforschung, die sich mit tierischen Verhaltensweisen und möglichen Schlußfolgerungen für menschliches Verhalten beschäftigt.

Die Psychologie — ursprünglich die Lehre von den seelischen Erscheinungen — befaßt sich mit dem menschlichen Verhalten und Erleben. Sie möchte dieses Verhalten und Erleben beschreiben, soweit wie möglich messen, erklären und voraussagen. Ein wesentliches Kennzeichen von Betrieben besteht darin, daß sich Menschen zusammenfinden, um gemeinsame Ziele bzw. Aufgaben zu erreichen. Betriebe werden deshalb als soziale Gebilde bezeichnet. Wer Betriebe gestalten will, muß die Zusammenhänge kennen, die menschliches Verhalten bestimmen. Die Psychologie ist deshalb eine Nachbardisziplin, mit der sich im Personalsektor tätige Betriebswirte beschäftigen müssen. Dabei ist zunächst die allgemeine Psychologie von Bedeutung. Sie befaßt sich mit den generell gültigen Aussagen über Individuen. Es geht darum, Aussagen zu formulieren, die in gewisser Weise für alle Menschen gelten. Das ändert nichts daran, daß sich einzelne Menschen voneinander unterscheiden. Auch diese individuellen Differenzen sind Untersuchungsgegenstand der Psychologie, und zwar der differentiellen Psychologie. Im Mittelpunkt der Sozialpsychologie schließlich stehen Fragen der sozialen Beeinflussung von Individuen und diejenigen Probleme, die sich aus dem Zusammenwirken von Individuen besonders in Gruppen ergeben. Mit der Anwendung der Grundkenntnisse aus der Allgemeinen Psychologie, der differentiellen Psychologie und der Sozialpsychologie befassen sich die verschiedenen Gebiete der angewandten Psychologie. Für uns sind vor allem die Betriebs- und die Organisationspsychologie von Bedeutung.

Die Soziologie macht Aussagen über die Gesellschaft und deren Teilbereiche, z. B. Gemeinden, Organisationen, Betriebe und Familien. Im Bereich des Personalwesens sind in erster Linie die Aussagen der speziellen Soziologien von Bedeutung, die sich mit Betrieben und Organisationen beschäftigen. In Deutschland ist es weitgehend üblich, von Organisationssoziologie zu sprechen, wenn Aussagen allgemeiner Art über Zusammenhänge in Organisationen jeglicher Art getätigt werden. Unter dem Einfluß angelsächsischer Literatur entwickelt sich jedoch eine eigenständige Disziplin „Organisationstheorie".

Für einige spezielle Fragestellungen können auch Aussagen aus den politischen Wissenschaften von Bedeutung sein.

III. Erziehungswissenschaften

Gegenstand der Erziehungswissenschaften bzw. der Pädagogik ist im wesentlichen die Führung von Menschen, die in eine Gesellschaft hineinwachsen. Im Vordergrund stehen dabei die in besonderen Einrichtungen wie Schulen ablaufenden Prozesse des gezielten Lernens. Da ein wesentlicher Faktor erfolgreicher betrieblicher Tätigkeit bzw. der Tätigkeit in Betrieben von der Vermittlung bzw. Gewinnung neuer Erfahrungen und Kenntnisse abhängt, spielt das betriebliche Bildungswesen eine zunehmend wachsende Rolle. Beiträge für personalwirtschaftliche Fragestellungen sind also auch von der Pädagogik, insbesondere von der Berufspädagogik zu erwarten.

IV. Arbeitswissenschaften

Die Arbeitswissenschaften widmen sich der bestmöglichen Gestaltung der Arbeit. Auch sie liegen im Grenzbereich zwischen zahlreichen anderen Wissenschaften, auf deren Erkenntnisse sich ihre Aussagen zum Teil stützen. Dies

macht schon die Aufzählung einiger Grundlagengebiete deutlich: Arbeitsphysiologie, Arbeitshygiene bzw. vorbeugender Gesundheitsschutz, Arbeitspsychologie, Arbeitssoziologie, Arbeitspädagogik. Der besondere Aspekt besteht in der Nutzbarmachung der jeweiligen Erkenntnisse für die Bestgestaltung der Arbeit.

V. Arbeits- und Sozialrecht

Die tatsächlich gegebenen Gestaltungsmöglichkeiten im Personalwesen werden teilweise durch rechtliche Bestimmungen eingeengt oder vorgezeichnet. Deshalb ist es notwendig, den rechtlichen Rahmen der Entscheidungen im Personalwesen auch in diesem Kurs darzustellen. Hierzu gehört die Beschäftigung mit einigen rechtlichen Grundbegriffen, mit einem Teil des Zivil- und Handelsrechts, insbesondere jedoch mit dem **Arbeits-** und **Sozialrecht.**

Diese Übersicht über die Wissenschaften, die für eine Tätigkeit im Personalwesen wichtig sind, unterstreicht die Vielseitigkeit der Aufgabenstellungen in diesem Bereich. Diese Tatsache hat natürlich Konsequenzen für den Aufbau dieses Kurses: Es müssen sehr verschiedene Sachgebiete behandelt werden. Dabei handelt es sich zum Teil um Gebiete, die nicht Bestandteil der üblichen kaufmännischen Ausbildungsgänge sind. Es wurde angestrebt, diese Gebiete etwas stärker zu betonen. Dafür wurden zum Beispiel die grundlegenden Fragestellungen der Betriebswirtschaftslehre fast ganz aus dem Programm ausgeklammert. Sie müssen als bekannt vorausgesetzt bzw. auf anderem Wege erarbeitet werden. Stattdessen werden zahlreiche betriebswirtschaftliche Problembereiche mit speziellem Bezug zum Personalwesen dargestellt.

Die Aufgliederung in Teilgebiete wie Organisation, Lohnfindung oder Arbeitsrecht hat den Vorteil einer übersichtlichen Gliederung. Sie hat den Nachteil, daß die Probleme in der Praxis nicht so isoliert auftreten, sondern meist ein und dasselbe Problem sehr viele Gesichtspunkte enthält. Der gute Praktiker zeichnet sich nicht dadurch aus, daß er den Inhalt der einzelnen Kapitel dieses Kurses referieren kann, sondern dadurch, daß er die Kenntnis der hier dargelegten Zusammenhänge seinen Entscheidungen nutzbar macht.

Fragen:

28. Weshalb liefert die Psychologie bedeutsame Aussagen für das Personalwesen?
29. Welchen Beitrag liefert die Soziologie für das Personalwesen?
30. Weshalb sollte ein Betriebswirt für den Bereich des Personalwesens über Kenntnisse aus den Erziehungswissenschaften verfügen?
31. Mit welchen Überlegungen befassen sich die Arbeitswissenschaften?

Antworten zu den Fragen

1. In allen drei genannten Fällen sind Menschen damit beschäftigt, bestimmte Aufgaben gemeinsam zu erfüllen. Diese Menschen stehen in vielerlei Beziehungen zueinander, die als soziale Beziehungen bezeichnet werden. Sowohl Betriebe, Sportvereine als auch Schulen stellen deshalb soziale Systeme dar. Ihnen gemeinsam sind deshalb auch einige Wissenschaften, die sich gerade mit dem Zusammenwirken vieler Menschen beschäftigen, vor allem die Psychologie und die Soziologie.

2. Das typische Merkmal von Betrieben ist deren produktive Tätigkeit. D. h. in Betrieben werden Güter und Dienstleistungen hergestellt, die an andere Betriebe oder an Haushalte abgegeben werden.

3. Wenn viele Menschen an einer gemeinsamen Aufgabe, z. B. am Bau einer maschinellen Anlage beteiligt sind, sind Regeln notwendig, nach denen sich die Zusammenarbeit im Betrieb bzw. das Verhalten der Betriebsmitglieder richten soll.

   Ein Teil dieser Regeln wird in ziemlich kurzen Zeitabständen immer wieder geändert. So ist es sicher keine Seltenheit, wenn sich die Art und Weise, in der die Arbeit eingeteilt wird, innerhalb eines Jahres ein- oder zweimal ändert.

   Ein Teil der Regeln ist aber auf eine sehr lange Zeitspanne angelegt. Sie bilden die Betriebs- oder Unternehmensverfassung, in der zum Beispiel geregelt ist, wer so grundlegende Entscheidungen wie die über Teilstilllegungen eines Werkes trifft. Derartige Fragen müssen vorab geklärt sein. Im „Ernstfall" würde man sonst zuviel Zeit benötigen, ehe man zu der inhaltlichen Entscheidung überhaupt käme.

4. Wichtigste Bestandteile von Betriebs- bzw. Unternehmensverfassungen sind: die Aufgaben und die Ziele des Betriebs bzw. des Unternehmens, die Entscheidungsorgane und deren Zuständigkeiten, die Träger der Unternehmung, die das Recht haben, die Organe wie die Geschäftsleitung oder den Vorstand einzusetzen und deren Zuständigkeiten abzugrenzen, wichtige Verfahrensregeln für Entscheidungen, besonders für typische Konfliktfälle.

5. Nur ein Teil der Bestandteile solcher Verfassungen ist der freien Vereinbarung zwischen den Beteiligten überlassen. Der grobe Rahmen ist durch das Gesellschaftsrecht und das Betriebsverfassungsrecht, also durch den Staat vorgegeben. Durch die Wahl der Rechtsform kann allerdings Einfluß auf die Art dieses vorgegebenen Rahmens genommen werden.

6. Produktions- bzw. Leistungsfaktoren, die zur Gütererstellung eingesetzt werden sind z. B.: Arbeitskräfte, Maschinen, finanzielle Mittel, Werkstoffe. Diese Produktionsfaktoren werden jedoch in unterschiedlicher Weise systematisiert. In volkswirtschaftlicher Sicht wird meist zwischen den Faktoren Boden, Arbeit und Kapital unterschieden. Aus der Sicht eines einzelnen Betriebes sind die zur Produktion nötigen Mittel Arbeitskraft, Betriebsmittel und Werkstoffe. Betriebsmittel und Werkstoffe werden jedoch auch mit den anderen notwendigen Vermögenswerten zu einem Faktor Kapital zu-

sammengefaßt. Bei der Arbeit wird häufig gedanklich zwischen ausführender und dispositiver, lenkender Arbeit unterschieden, so daß auch eine Einteilung in Arbeit (im Sinne von ausführender Arbeit), Kapital und dispositiver Arbeit oder Unternehmertätigkeit zweckmäßig erscheint.

7. Das ökonomische Prinzip taucht in zwei Formulierungen auf: Entweder wird gefordert, daß mit einem vorgegebenen Mitteleinsatz ein möglichst günstiges Ergebnis erzielt werden soll; oder das Ergebnis wird als vorgegeben betrachtet: dann wird gefordert, daß ein bestimmtes Ergebnis mit einem möglichst geringen Einsatz an Mitteln erreicht werden soll.

8. Betriebe streben letztlich nicht nach Verwirklichung des ökonomischen Prinzips, sondern z. B. nach Gewinnerzielung oder — etwa im Falle öffentlicher Betriebe — nach Bereitstellung eines bestimmten Leistungsangebots. Ständige Verstöße gegen das ökonomische Prinzip gefährden allerdings die Existenz des Betriebs. Sie mindern damit auch dessen Fähigkeit, andere Ziele zu verwirklichen.

9. Funktionen bezeichnen stets irgendwelche Zusammenhänge bzw. Abhängigkeiten. Auf Betriebe angewandt bedeutet dies, daß die Existenz von Betrieben in Abhängigkeit von bestimmten Tatbeständen gesehen wird. Diese Tatbestände bzw. typischen Vorgänge in Betrieben werden als betriebliche bzw. betriebswirtschaftliche Funktionen bezeichnet.

10. Häufig werden betriebliche Funktionen wie folgt eingeteilt: die leistungswirtschaftlichen Funktionen Beschaffung, Produktion und Absatz; die geldwirtschaftliche Funktion Finanzierung bzw. Finanzwirtschaft; die Informationswirtschaft; die betriebswirtschaftliche Logistik und das Personalwesen.

    Andere Autoren rechnen die logistischen Probleme dem Produktionsbereich zu, räumen dem Rechnungswesen innerhalb der Informationswirtschaft eine besondere Stellung ein, fügen Organisation und Verwaltung als besondere Funktionen hinzu oder stellen die Betriebsführung besonders heraus.

    Es ist einsichtig, daß keine allgemeine Übereinstimmung bei der Entscheidung über eine zweckmäßige Zusammenfassung und Abgrenzung typischer betrieblicher Vorgänge erzielt werden kann.

11. Der Faktor Arbeit ist stets an Menschen gebunden, die ganzheitlich mit all ihren sonstigen Merkmalen in den Betrieb hereingenommen werden. Dies ist beim Faktor Kapital nicht der Fall. Ein Kapitalgeber, auch ein Eigenkapitalgeber braucht keineswegs in dem betreffenden Betrieb persönlich tätig zu werden.

12. Die Verflechtung des Betriebs mit der sozialen Umwelt ergibt sich u. a. aus den außerbetrieblichen Sozialbindungen der Betriebsmitglieder, die z. B. auch Mitglieder von Vereinen, Gewerkschaften oder der Kirche sind. Diese Mitgliedschaften beeinflussen das Verhalten im Betrieb wie die Mitgliedschaft im Betrieb das Verhalten in anderen sozialen Gruppen beeinflußt. Die enge Verbindung der Betriebe ergibt sich darüber hinaus unmittelbar aus der Tätigkeit auf den verschiedenen Märkten, z. B. durch den Verkauf der Produkte, also durch die Kontakte mit den Kunden.

13. Durch die Arbeitsteilung und die damit verbundene Spezialisierung soll die Wirtschaftlichkeit der Betriebe gesteigert werden.

14. Die im Betrieb in Erscheinung tretenden zwischenmenschlichen Beziehungen können in drei Kategorien eingeteilt werden:
    (1) die Beziehungen von Individuen zu Individuen,
    (2) die Beziehungen von Individuen zu Gruppen und
    (3) die Beziehungen von Gruppen zu Gruppen.

15. Der Einsatz des Faktors Arbeit bedeutet den Einsatz von Menschen mit sehr spezifischen Eigenschaften und Merkmalen. Maßnahmen, die sich auf Beschaffung, Ausbildung oder Einsatz von Menschen beziehen, müssen stets die Natur der menschlichen Person, ihre individuellen Ziele und Bedürfnisse berücksichtigen.

16. Vor allem das kurzfristige Streben nach Wirtschaftlichkeit kann im Widerspruch zu der Forderung nach Personenentsprechung stehen. Aus dem Wirtschaftlichkeitsstreben läßt sich die Forderung ableiten, daß eine möglichst große Leistung je Arbeitsstunde zu erreichen ist. Steht jedoch der Gesichtspunkt der Personenentsprechung im Vordergrund, wird die kurzfristige Leistungsmaximierung sicher nicht erstrebenswert erscheinen. Damit liegt ein Konflikt zwischen zwei unterschiedlich motivierten Zielvorstellungen vor, der freilich bei längerfristiger Betrachtungsweise eventuell verschwindet.

17. Die Zielsetzung der Personalbeschaffung richtet sich auf die Bereitstellung der richtigen Anzahl von Mitarbeitern mit den jeweils erforderlichen Qualifikationen. Ein ungedeckter Personalbedarf erfordert Personalbeschaffungsmaßnahmen, die freilich oft in unmittelbarem Zusammenhang mit Ausbildungsmaßnahmen zu sehen sind.

18. Beim Personaleinsatz werden stets Menschen und zu erfüllende Aufgaben einander zugeordnet. In der Regel bilden die Aufgaben den Ausgangspunkt der Betrachtung: Für ganz bestimmte Teilaufgaben werden geeignete Personen gesucht. Manchmal wird die Betrachtungsweise auch umgekehrt: Man sucht dann für bereits bekannte Personen ein geeignetes Aufgabengebiet. Diese Sicht ist besonders bei Führungskräften, Spezialisten und Behinderten anzutreffen.

19. Als wichtigste Gründe für die Notwendigkeit betrieblicher Ausbildungs- und Förderungsmaßnahmen werden u. a. genannt: die Qualifizierung für die sich teilweise rasch wandelnden Aufgaben, die Nutzung des vorhandenen Qualifikationspotentials, die Motivationswirkungen, die von einem ausgebauten Ausbildungs- und Förderungssystem ausgehen.

20. In neuerer Zeit setzt sich immer mehr die Betrachtung der betrieblichen Mitarbeiter als wertvolles Kapital des Betriebs durch. Der Wert dieses „Humankapitals“ erhöht sich insbesondere durch „Ausbildungsinvestitionen“ in die Mitarbeiter. Man unterstellt bei dieser Betrachtung, daß sich die Ausgaben für Ausbildungsmaßnahmen über eine lange Zeit hinweg positiv bemerkbar machen.

21. Alle Mitarbeiter müssen mit den speziellen Regeln, Zuständigkeiten und betrieblichen Vereinbarungen vertraut gemacht werden. Dabei stehen zunächst die offiziellen Regelungen, wie sie sich besonders in der Betriebsordnung niederschlagen, im Vordergrund. Von Bedeutung sind aber auch

die inoffiziellen Regeln über angemessenes Verhalten, die sich in jedem Betrieb im Laufe der Zeit herausbilden.

22. Die betriebliche Entlohnung basiert in der Regel auf der von den Mitarbeitern erbrachten Leistung und den Anforderungen, die zur Erfüllung dieser Leistung nötig sind. In zunehmendem Maße tritt der Gesamterfolg des Betriebs als Bezugsgröße für das Entgelt der Mitarbeiter in den Vordergrund. Dieser Aspekt wird in Erfolgsbeteiligungssystemen berücksichtigt.

23. Die quantitative Sozialpolitik umfaßt die materiellen Leistungen des Betriebs, die sich in konkreten Sozialleistungen bzw. Sozialeinrichtungen niederschlagen. Die qualitative Sozialpolitik strebt die Überwindung des Objektsseins der Arbeitnehmer an: Aus dem Arbeiter soll ein Mitarbeiter werden.

24. „Human relations" bedeutet deutsch „menschliche Beziehungen". Dem Personalwesen wird auch die Aufgabe zugeordnet, die zwischenmenschlichen Beziehungen zu pflegen und das Zusammenwirken der Menschen im Betrieb zu fördern.

25. Die Personalplanung beschäftigt sich mit der gedanklichen Durchdringung und Festlegung aller künftigen Maßnahmen im Personalbereich. Es werden langfristige Konzepte darüber ausgearbeitet, was Betriebe auf dem Personalsektor anstreben. Die Überlegungen der Personalplanung erstrecken sich damit auf alle Teilbereiche des Personalwesens wie Personalbeschaffung, -freisetzung, -einsatz, -ausbildung, -eingliederung.

26. Bei den längerfristigen Planungsüberlegungen steht die Abstimmung des Personalbereichs mit den anderen betrieblichen Funktionsbereichen im Vordergrund, also z. B. die Abstimmung mit dem Absatz-, Produktions- und Finanzbereich.

    Bei den kurz- und mittelfristigen Planungsüberlegungen geht es um die Festlegung konkreter Maßnahmen, mit denen die Planungsziele auf den verschiedenen Teilgebieten des Personalbereichs realisiert werden sollen.

    Die langfristige Personalplanung, die oft den Charakter einer Personalpolitik hat, bildet den groben Rahmen, innerhalb dessen die kurzfristige Feinplanung erfolgt.

27. Die Organisationsstruktur des Personalbereichs umfaßt alle strukturellen Regelungen, insbesondere die Zuordnung bestimmter Aufgaben zu Stellen, deren hierarchische Anordnung und die Zuständigkeiten. Ist von Personalverwaltung die Rede, dann steht die Beschäftigung mit Abläufen ganz konkreter Vorgänge — z. B. der Lohnabrechnung — im Vordergrund.

28. Die Gestaltung von Betrieben, die sich in erster Linie aus Menschen zusammensetzen, erfordert Kenntnisse der Zusammenhänge, die menschliches Verhalten bestimmen. Die Psychologie beschäftigt sich mit der Beschreibung, Erklärung, Messung und Vorhersage menschlichen Verhaltens. Die Psychologie liefert also wichtige Erkenntnisse für die Gestaltung von Betrieben. Da der Aspekt Mensch im Betrieb vor allem im Personalwesen im Vordergrund steht, ist für diese Teildisziplin die Psychologie besonders wichtig.

29. Die Soziologie macht Aussagen über die Gesellschaft und deren Teilbereiche, u. a. über Betriebe und Organisationen. Von besonderer Bedeutung für das Personalwesen sind die speziellen Soziologien: Betriebssoziologie und Organisationssoziologie.

30. Im Rahmen des Ausbildungswesens spielt die Vermittlung bzw. Gewinnung neuer Erfahrungen und Kenntnisse, mit der sich die Pädagogik bzw. die Erziehungswissenschaft beschäftigt, eine bedeutsame Rolle. Grundkenntnisse über die Organisation geplanten Lernens sind deshalb auch für einen Betriebswirt nötig, wenn er im Personalwesen tätig ist.

31. Im Vordergrund stehen Überlegungen zur Bestgestaltung der Arbeit. Teilbereiche sind u. a. Arbeitsphysiologie, Arbeitspädagogik, Arbeitshygiene. Schon diese Bezeichnungen machen deutlich, daß sich die Arbeitswissenschaften im Grenzbereich zwischen zahlreichen anderen Wissenschaften befinden.

Literaturverzeichnis

Einführende Werke in die Betriebswirtschaftslehre

In diesem Fernkurs werden grundlegende Kenntnisse der Betriebswirtschaftslehre vorausgesetzt. Zur Wiederholung oder als begleitende Lektüre bei der Erarbeitung dieser Kenntnisse kommen unter anderem folgende Werke in Frage:

Diederich, H., Allgemeine Betriebswirtschaftslehre, Bd. I, 3. Aufl., Stuttgart - Düsseldorf 1972; Bd. II, 2. Aufl., Stuttgart - Düsseldorf 1972

Fischer, G., Allgemeine Betriebswirtschaftslehre, 8. Aufl., Heidelberg 1964

Gutenberg, E., Einführung in die Betriebswirtschaftslehre, Wiesbaden 1958

Gutenberg, E., Grundlagen der Betriebswirtschaftslehre, Bd. 1: Die Produktion, 20. Aufl., Berlin - Heidelberg - New York 1973; Bd. 2: Der Absatz, 14. Aufl., Berlin - Heidelberg - New York 1973; Bd. 3: Die Finanzen, 6. Aufl., Berlin - Heidelberg - New York 1973

Hax, W. und Wessels, T. (Hrsg.), Handbuch der Wirtschaftswissenschaften, Bd. 1: Betriebswirtschaft, 2. Aufl., Köln - Opladen 1966

Heinen, E., Einführung in die Betriebswirtschaftslehre, 5. Aufl., Wiesbaden 1974

Heinen, E. (Hrsg.), Industriebetriebslehre — Entscheidungen im Industriebetrieb, 5. Aufl., Wiesbaden 1976

Jacob, H. (Hrsg.), Allgemeine Betriebswirtschaftslehre in programmierter Form, 3. Aufl., Wiesbaden 1976

Kirsch, W., Betriebswirtschaftslehre: Systeme, Entscheidungen, Methoden, Wiesbaden 1974

Kirsch, W., Bamberger, I., Berg, C. C., Weber, W., Die Wirtschaft — Einführung in die Volks- und Betriebswirtschaftslehre, Wiesbaden 1975

Korndörfer, W., Allgemeine Betriebswirtschaftslehre, 3. Aufl., Wiesbaden 1974

Kosiol, E., Einführung in die Betriebswirtschaftslehre — Die Unternehmung als wirtschaftliches Aktionszentrum, Reinbek bei Hamburg 1970

Löffelholz, J., Repetitorium der Betriebswirtschaftslehre, 5. Aufl., Wiesbaden 1975

Mellerowicz, K., Allgemeine Betriebswirtschaftslehre, Bd. I, 13. Aufl., Berlin 1969; Bd. II, 13. Aufl., Berlin 1970; Bd. III, 13. Aufl., Berlin 1971; Bd. IV, 12. Aufl., Berlin 1968; Bd. V, Berlin - New York 1971

Mertens, P. und Plötzeneder, H. D., Programmierte Einführung in die Betriebswirtschaftslehre, Bd. 1: Institutionenlehre, 2. Aufl., Wiesbaden 1974; Bd. 2: Entscheidungslehre, 2. Aufl., Wiesbaden 1975

Müller-Merbach, H., Einführung in die Betriebswirtschaftslehre, München 1973

Schäfer, E., Die Unternehmung — Einführung in die Betriebswirtschaftslehre, 8. Aufl., Köln - Opladen 1974

Schmidt, R.-B., Wirtschaftslehre der Unternehmung, Bd. 1: Grundlagen, Stuttgart 1969; Bd. 2: Zielerreichung, Stuttgart 1973

Ulrich, H., Die Unternehmung als produktives soziales System, 2. Aufl., Bern - Stuttgart 1970

Weber, W., Arbeitsbuch „Einführung in die Betriebswirtschaftslehre", Berlin - Heidelberg - New York 1972

Wittgen, R., Einführung in die Betriebswirtschaftslehre, München 1974

Wöhe, G., Einführung in die Allgemeine Betriebswirtschaftslehre, 11. Aufl., München 1973

Ausgewählte Literaturangaben zum Personalwesen

Hier wird nur eine Auswahl von Literaturangaben genannt. Speziellere Hinweise finden sich am Schluß der einzelnen Beiträge.

V. Eckardstein, D. und Schnellinger, F., Betriebliche Personalpolitik, 2. Aufl., München 1975

Friedrichs, H., Moderne Personalführung, München 1973

Gaugler, E. u. a., Betriebliche Personalplanung. Eine Literaturanalyse, Göttingen 1974

Kolbinger, J., Das betriebliche Personalwesen, Teil I: Grundlagen, Stuttgart 1961; Teil II: Hauptgestaltungsbereiche, Stuttgart 1962

Marx, A. (Hrsg.) Personalführung, 4 Bände, Wiesbaden 1969 bis 1972

Potthoff, E., Betriebliches Personalwesen, Berlin - New York 1974

Schmidt, H., Hagenbruck, H. und Sämann, W. (Hrsg.), Handbuch der Personalplanung, Frankfurt/M./New York 1975

Weber, W., Personalplanung, Stuttgart 1975

Nachschlagewerke

a) Betriebswirtschaftslehre

Gablers Wirtschaftslexikon, 2 Bände, 9. Aufl., Wiesbaden 1975

Handwörterbuch der Betriebswirtschaft, hrsg. v. Erwin Grochla und Waldemar Wittmann, 4. Aufl., Stuttgart 1974 ff.

b) Personalwesen

Goossens, Franz, Personalleiter-Handbuch, 6. Aufl., München 1974

Handwörterbuch des Personalwesens, hrsg. v. Eduard Gaugler, Stuttgart 1975

Stichwortverzeichnis

Lehrunterlagen zum Personalfachkaufmann

Mändle, Wirtschaftliche Grundlagen, Teil 1
Mändle, Wirtschaftliche Grundlagen, Teil 2
Mändle/Sittig, Wirtschaftliche Grundlagen, Teil 3
Mändle, Betriebe als Teil der Volkswirtschaft
Klunzinger, Einführung in das Recht
BGB – Allgemeiner Teil
Klunzinger, BGB – Schuldrecht
Klunzinger, BGB – Sachenrecht, Verfahrensrecht, Rechtsformen der Unternehmen
Gaugler/Weber, Einführung in das betriebliche Personalwesen
Staude, Personalplanung
Weber/Storr, Personalbeschaffung und -freisetzung
Kolb/Werner, Personaleinsatz
Kolvenbach, Personalentwicklung und -förderung
Kolb/Staude, Organisation der Personal- und Sozialabteilung
Frey, Hilfsmittel und Grundsätze der Personalverwaltung
Mentzel, Personalwirtschaftliches Rechnungswesen
Nagel, EDV im Personalbereich
Kolb/Weber, Grundlagen der betrieblichen Personalpolitik
Reisch, Grundlagen der Lohnfindung
Sacher, Lohnsteuerrecht
Sattler, Sozialversicherungsrecht
Schilling/Staude, Betriebliche Sozialleistungen
Balzereith, Mitarbeiterbeteiligung
Klause, Berufsausbildung und Weiterbildung
Lewinski, Recht der beruflichen Bildung
Bokranz, Arbeitswissenschaft, Teil 1
Bokranz, Arbeitswissenschaft, Teil 2
Bokranz, Arbeitswissenschaft, Teil 3
v. Dücker, Arbeitsrecht
Müller, Grundlagen der Arbeitssicherheit
Kretschmar, Betriebssoziologie
Kunst, Betriebspsychologie
Nick, Diskussions- und Verhandlungstechnik
Jeuschede, Führungstechniken
Kolb, Betriebsorganisation
Werner, Verbände in der Wirtschaft
Werner, Geschichte der Sozialpartner

GPSR Compliance
The European Union's (EU) General Product Safety Regulation (GPSR) is a set of rules that requires consumer products to be safe and our obligations to ensure this.

If you have any concerns about our products, you can contact us on

ProductSafety@springernature.com

In case Publisher is established outside the EU, the EU authorized representative is:

Springer Nature Customer Service Center GmbH
Europaplatz 3
69115 Heidelberg, Germany

www.ingramcontent.com/pod-product-compliance
Lightning Source LLC
LaVergne TN
LVHW082053051026
849532LV00011B/3585
* 9 7 8 3 4 0 9 3 8 3 4 1 7 *